아이가 주인공인 책

아이는 스스로 생각하고 성장합니다.
아이를 존중하고 가능성을 믿을 때
새로운 문제들을 스스로 해결해 나갈 수 있습니다.

길벗스쿨의 학습서는 아이가 주인공인 책입니다.
탄탄한 실력을 만드는 체계적인 학습법으로
아이의 공부 자신감을 높여줍니다.

가능성과 꿈을 응원해 주세요.
아이가 주인공인 분위기를 만들어 주고,
작은 노력과 땀방울에 큰 박수를 보내 주세요.
길벗스쿨이 자녀 교육에 힘이 되겠습니다.

읽기 유창성 이론을 바탕으로 한
문해력 향상 프로그램

문해력이 좋아지는

소리 내어 읽기

3단계

윤희솔 · 소선중 지음

길벗스쿨

문해력이 좋아지는 소리 내어 읽기 3단계

초판 1쇄 인쇄 • 2025년 9월 8일
초판 1쇄 발행 • 2025년 9월 22일

지은이 • 윤희솔 · 소선중
발행인 • 이종원
발행처 • (주)길벗스쿨
출판사 등록일 • 2025년 5월 28일
주소 • 서울시 마포구 월드컵로 10길 56(서교동)
대표 전화 • 02)332-0931 | 팩스 • 02) 338-0388
홈페이지 • www.gilbutschool.co.kr | 이메일 • gilbut@gilbut.co.kr

기획 및 책임편집 • 유현우(yhw5719@gilbut.co.kr) | **디자인** • 강은경 | **제작** • 이준호, 손일순, 이진혁
마케팅 • 양정길, 이지민 | **영업유통** • 진창섭 | **영업관리** • 김명자, 심선숙, 정경화 | **독자지원** • 윤정아

전산편집 • 기본기획 | **편집진행** • 주은영 | **일러스트** • 이수희 | **녹음** • EMG미디어
CTP 출력 및 인쇄 • 대원문화사 | **제본** • 신정문화사

ISBN 979-11-7467-023-6 74700
(길벗 도서번호 500028)

정가 15,800원

제 품 명 : 문해력이 좋아지는 소리내어 읽기_3단계
제조사명 : (주)길벗스쿨
제조국명 : 대한민국
전화번호 : 02-332-0931
주 소 : 서울시 마포구 월드컵로 10길 56 (서교동)
제조년월 : 판권에 별도 표기
사용연령 : **7세 ~ 9세**
KC마크는 이 제품이 공통안전기준에 적합하였음을 의미합니다.

문해력 성장의 열쇠가 '읽기 유창성'이라면,
그 열쇠를 돌리는 힘은 '소리 내어 읽기'입니다.

학부모님께는 '읽기 유창성'이라는 말이 다소 낯설게 느껴지실지도 모릅니다. 그러나 읽기 유창성은 오래전부터 문해력과 학력의 기초를 이루는 핵심 요소이자, 본격적인 학습으로 나아가는 관문을 여는 열쇠로 주목받아 왔습니다. 이러한 이유로 2022 개정 국어과 교육과정에서도 읽기 유창성을 중요한 축으로 다루고 있습니다.

그렇다면 읽기 유창성은 어떻게 길러질까요? 수많은 연구는 모범 읽기를 듣고, 능숙해질 때까지 반복해 소리 내어 읽는 것이 읽기 유창성을 기르는 가장 효과적인 방법이라고 밝힙니다. 20년 넘게 교실에서 아이들과 함께 해 온 저희도 소리 내어 읽기의 힘을 수없이 확인해 왔습니다. 그러나 교실에서 읽기 유창성 지도의 각 단계를 빠짐없이 실천하기가 쉽지 않았기에, 가정에서의 어려움을 충분히 짐작할 수 있습니다. 실제로 문해력 지도를 어디서부터 시작해야 할지 몰라 고민하시는 학부모님들을 많이 만나 왔습니다.

그래서 고민 끝에, 문해력을 오랫동안 연구해 온 교사와 교육과정을 깊이 탐구해 온 교사가 머리를 맞대고 『문해력이 좋아지는 소리 내어 읽기』를 펴내게 되었습니다. 이 책에는 아이의 성장을 돕기 위한 현실적인 해법을 담았습니다.

- 아이 혼자서도 모범 읽기를 들으며 따라 읽을 수 있도록, 단계별 음원을 QR코드에 담았습니다.
- 아이가 수업 시간에 '이거 내가 소리 내어 읽은 내용인데!' 하며 자신 있게 손을 들 수 있도록, 모든 글을 교과서 주제와 밀접하게 집필했습니다.
- 읽기 유창성은 물론, 학습의 기초 체력을 다지고 매일 공부하는 좋은 습관까지 함께 기를 수 있는 방향으로 설계했습니다.

하루 10분, 교과 연계 지문을 소리 내어 읽도록 구성한 이 책이 아이의 문해력과 학력, 그리고 꾸준히 배우는 힘을 길러 주는 든든한 벗이 되어 주기를 소망합니다.

오늘도 아이들과 함께 하루를 보낸,
윤희솔 · 소선중 올림

이 책은 이렇게 활용하세요!

① <소리 내어 읽기>의 중요성

왜 옛날 사람들은 뜻도 모르는 천자문을 그토록 소리 내어 읽었을까요?

천자문을 비롯한 고전을 반복해 소리 내어 읽는 일은, 말소리를 문자를 통한 의미와 연결하는 훈련이었습니다. 문자보다 먼저 생긴 소리에 익숙해지는 것이 문해력 발달의 첫 걸음이라는 사실을 옛사람들은 경험적으로 알고 있었던 것입니다. 일본의 뇌과학자 가와시마 류타 교수는 "소리 내어 읽을 때 뇌의 광범위한 영역이 동시에 활성화된다"고 말합니다. '소리 내어 읽기'는 단순한 읽기 연습을 넘어, 뇌 전체를 깨우는 통합적 학습의 시작이었던 것이지요.

무엇보다도, 반복하여 소리 내어 읽기는 초기 문해력의 핵심인 '읽기 유창성'을 길러 주는 가장 확실하고도 강력한 방법이기도 합니다.

② 읽기 유창성이란?

미국의 국립읽기위원회(NRP: National Reading Panel)는 11만 건이 넘는 문해력 연구 중 엄격한 기준을 충족한 연구들만 선별하여 분석한 결과, 읽기 능력을 좌우하는 결정적인 다섯 가지 요소를 다음과 같이 발표했습니다.

① 음운 인식	② 음운 규칙	③ 읽기 유창성	④ 어휘력	⑤ 읽기 이해

이 중 읽기 유창성은 글을 빠르고 정확하게, 그리고 자연스러운 억양과 리듬으로 읽는 능력을 나타내며, 문해력은 물론, 학업 성취에까지 영향을 미치는 핵심 요소로 강조되어 왔습니다.

특히 읽기 유창성이 중요한 이유는, 해독(글자를 소리로 바꾸는 과정)과 이해(글의 뜻을 파악하는 과정) 사이를 이어 주는 다리 역할을 하기 때문입니다. 결국 읽기 유창성이 갖추어져야 비로소 '이해'라는 더 높은 사고 수준으로 도약할 수 있는 것입니다.

그럼에도, 많은 국어 교재와 수업 현장은 여전히 어휘 학습이나 독해 중심의 활동에만 치우친 경향이 있습니다. 그 이전에 읽기 유창성의 출발점인 '소리 내어 읽기'를 통해 해독과 이해 사이의 다리를 튼튼하게 이어놓아야 합니다.

③ 이 책의 활용법

'읽기 유창성'을 기르기 위해서는 단계에 맞는 훈련이 필요합니다. 이 책은 '정확성 → 신속성 → 표현성'이라는 세 단계의 연습을 통해, 체계적으로 읽기 유창성을 완성할 수 있도록 설계되었습니다.

1단계
정확성

틀리지 않고 정확하게 읽는 연습입니다.
단어 하나라도 정확히 읽지 못하면 문장 전체를 이해하는 기반이 약해지므로, 무엇보다 정확성이 중요합니다. 또한, 정확한 발음을 반복해 연습하는 과정은 문법 지식과 음운 인식을 함께 체화하는 과정입니다. 이 단계는 이후 신속성과 표현성을 발달시키기 위한 토대가 됩니다.

2단계
신속성

어절과 문장을 끊김 없이 빠르게 연결하여 읽는 훈련입니다.
영어권에서는 학년에 따라 분당 정확히 읽어야 할 단어 수(WCPM: Words Correct Per Minute)를 제시할 만큼, 읽기 속도는 이해력을 예측하는 주요 지표로 사용됩니다. 적절한 속도로 읽을 수 있어야 인지 자원을 해독이 아닌 이해에 집중할 수 있기 때문입니다.

3단계
표현성

의미를 담아 자연스럽게 읽는 훈련입니다
문장을 의미 단위로 끊어 읽고, 문맥에 어울리는 분위기와 느낌을 담아 읽는 단계입니다. 표현성을 '운율(prosody)'이라고도 하는데, 이는 문장을 읽을 때의 높낮이, 멈춤, 속도 같은 소리의 흐름을 말합니다. 운율이 살아 있는 읽기는 글을 깊이 이해하게 하고, 그 의미와 감정을 자연스럽게 전달하는 데 꼭 필요한 요소입니다

이 책에 제시된 세 단계는 읽기 유창성을 길러 주는 과학적 원리에 기반한 훈련으로, 그 효과가 이미 여러 연구를 통해 증명되어 왔습니다. 조급함을 내려놓고 이 과정을 성실히 따라간다면, 문해력은 단단하게, 그리고 반드시 자라날 것입니다.

이 책은 이렇게 구성되었어요!

본문 읽기

단계별 학년과 학기에 맞춘 교과 연계 본문을 통해, 소리 내어 읽는 연습을 하면서 동시에 교과 지식도 자연스럽게 익힐 수 있어요. 읽는 데 걸린 시간을 적는 란이 있어서, 읽기에 더 집중하고 자신의 속도를 점검하는 데 도움이 돼요.

낱말 익히기

본문을 이해하는 데 필요한 낱말과, 교과 학습의 핵심 개념을 담은 학습도구어를 선별해 담았어요. 문해력의 중요한 요소인 어휘력을 키울 수 있도록 하기 위해 뜻과 예문을 함께 실었어요.

1주차 1일 01

같은 낱말, 다른 의미

국어 2학년 1학기 | 2. 말의 재미가 솔솔

- 총 어절 수 72개
- 권장 읽기 시간 40초

아래 글을 소리 내어 읽고, 걸린 시간을 아래 빈칸에 써 보세요.

'먹다'라는 말은 우리가 자주 사용하는 표현이에요.

'밥을 먹다, 과자를 먹다'처럼 음식을 입에 넣고 삼킨다는 의미가 있어요. 또 새 학년이 되어 '공부를 열심히 하기로 마음먹다'와 같이 마음이나 감정을 품는 것을 나타내기도 해요. 무서운 이야기를 듣고 '겁을 먹다'라고 이야기하면 겁이나 충격을 느낀 것을 뜻하지요. 새해가 되어 '한 살 더 먹다'라고 할 때는 어떤 나이가 되거나 나이를 더하다는 뜻이 있고요.

이렇게 우리말에는 같은 글자이면서 여러 가지 뜻으로 사용되는 낱말들이 있어요. 또 어떤 다른 의미가 있을까요?

걸린 시간 분 초

낱말을 익혀요 본문에 수록된 주요 낱말들의 뜻을 익혀요.

1. 자주
   - 뜻: 같은 일이 되풀이되는 간격이 짧게
   - 예문: 우리 가족은 동물을 좋아해서 동물원에 자주 간다.
2. 품다
   - 뜻: 생각이나 느낌 등을 마음속에 가지다
   - 예문: 내가 좋아하는 영화 주인공을 볼 수 있다는 희망을 품고 극장에 갔다.
3. 충격
   - 뜻: 슬픈 일이나 뜻밖의 사건 등으로 마음에 받은 심한 자극이나 영향
   - 예문: 친구가 갑자기 이사를 간다는 소식을 들어서 충격을 받았다.

14 1장 국어

각 본문에 해당 내용이 다뤄지는 교과와 단원을 함께 제시했어요. 어떤 수업에서 배우는 내용인지 쉽게 확인할 수 있어, 학교 공부와도 자연스럽게 이어지도록 구성했어요.

특별부록

길벗스쿨 홈페이지(www.gilbutschool.co.kr)에 접속한 뒤, 검색창에 책 제목을 입력하면 자료실에서 다음 자료들을 다운로드할 수 있어요.

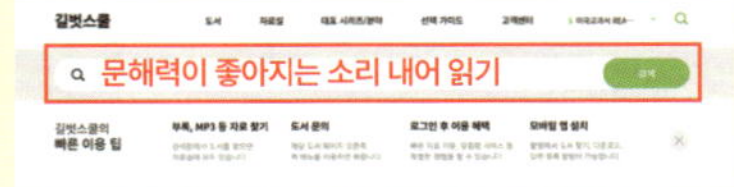

1 본문 내 교과 연계 주요 한자어 목록 120
본문에 실린 한자어 중 주요 한자어만을 골라 장별로 20개씩 제시했어요. 개별 한자들의 뜻을 이해한다면 교과 어휘가 더욱 더 쉬워질 거예요.

2 단계별 읽기 훈련 자료
교재에 수록된 QR코드의 단계별 모범 읽기 자료를 MP3 파일로도 제공하고 있어요. 언제 어디서나 음성 파일을 들으며 소리 내어 읽는 연습을 할 수 있어요.

단계별 훈련하기

소리 내어 읽기는 무작정 반복하기만 하는 것보다 순서를 따라 체계적으로 연습하는 것이 훨씬 효과적이에요. 아래 단계를 하나씩 차근차근 따라 해 보세요.

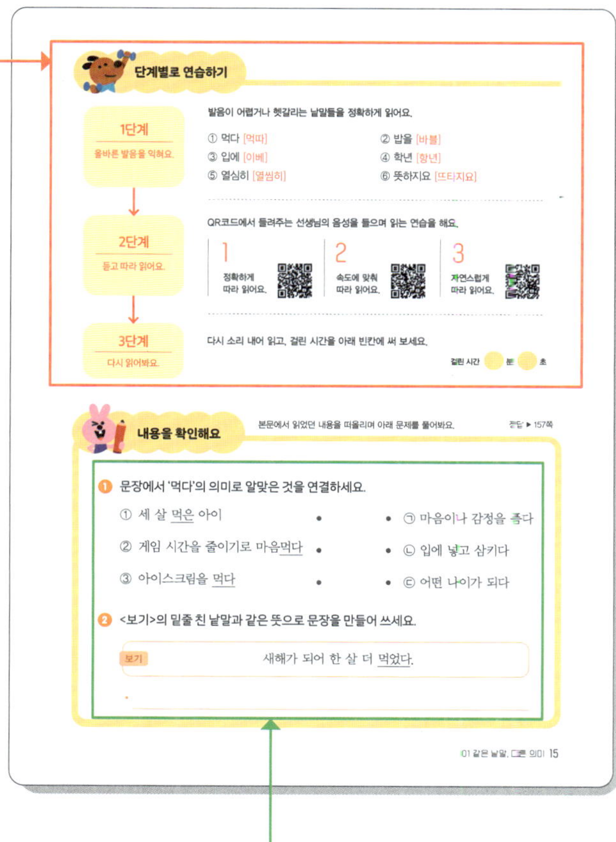
단계별로 연습하기

1단계
올바른 발음을 익혀요.

발음이 어렵거나 헷갈리는 낱말들을 정확하게 읽어요.

① 먹다 [먹따] ② 밥을 [바블]
③ 입에 [이베] ④ 학년 [항년]
⑤ 열심히 [열씸히] ⑥ 뜻하지요 [뜨티지요]

2단계
듣고 따라 읽어요.

QR코드에서 들려주는 선생님의 음성을 들으며 읽는 연습을 해요.

1 정확하게 따라 읽어요.
2 속도에 맞춰 따라 읽어요.
3 자연스럽게 따라 읽어요.

3단계
다시 읽어봐요.

다시 소리 내어 읽고, 걸린 시간을 아래 빈칸에 써 보세요.

걸린 시간 분 초

내용을 확인해요

본문에서 읽었던 내용을 떠올리며 아래 문제를 풀어봐요.

정답 ▶ 157쪽

1 문장에서 '먹다'의 의미로 알맞은 것을 연결하세요.

① 세 살 먹은 아이 • • ㉠ 마음이나 감정을 품다
② 게임 시간을 줄이기로 마음먹다 • • ㉡ 입에 넣고 삼키다
③ 아이스크림을 먹다 • • ㉢ 어떤 나이가 되다

2 <보기>의 밑줄 친 낱말과 같은 뜻으로 문장을 만들어 쓰세요.

보기 새해가 되어 한 살 더 먹었다.

01 같은 낱말, 다른 의미 15

1단계 올바른 발음을 익혀요

본문에 수록된 어휘 중 발음이 어렵거나 헷갈리기 쉬운 낱말을 모아, 먼저 정확하게 발음해 보는 연습을 해요.

2단계 듣고 따라 읽어요

이 단계는 읽기 유창성을 키우기 위해 꼭 필요한 세 가지 순서에 따라 소리 내어 읽는 연습을 해요. 먼저 한 문장씩 또박또박 정확하게 따라 읽으며 '정확성'을 다져요. 그다음 선생님의 읽는 속도에 맞춰 한 문장씩 읽으며, '신속성'을 익혀요. 마지막으로는 선생님과 동시에 글 전체를 읽으며, 억양과 호흡을 살려 '표현성'을 단련해요.

3단계 다시 읽어봐요

이제는 스스로 처음부터 끝까지 읽어볼 차례예요. 다 읽은 후에는 걸린 시간을 기록해 보세요. 표현성을 살려 읽다 보면 처음보다 시간이 더 걸릴 수도 있지만, 권장 시간 안에 읽는 것이 목표라는 점도 함께 기억해 두면 좋아요.

내용을 확인해요

단계에 따라 연습한 뒤에는, 간단한 문제로 내용을 잘 이해했는지 확인해 보세요. 소리 내어 읽기는 의미를 정확히 파악하는 힘으로 이어지므로, 읽은 내용을 되짚어 보는 과정이 꼭 필요해요. 틀린 문제가 있다면 본문과 어휘를 다시 읽고 풀어 보세요.

차례

3장

통합
나

4장

통합
자연

5장

통합 마을

6장

통합 세계

아래 학습 계획표를 참고하여 12주 완성을 목표로 매일매일 꾸준히 학습하세요.
학습이 끝난 후 오른쪽 칸에 V 하세요.

요일	월		화		수		목		금	
1주 차	01	V	02		03		04		05	
2주 차	06		07		08		09		10	
3주 차	11		12		13		14		15	
4주 차	16		17		18		19		20	
5주 차	21		22		23		24		25	
6주 차	26		27		28		29		30	
7주 차	31		32		33		34		35	
8주 차	36		37		38		39		40	
9주 차	41		42		43		44		45	
10주 차	46		47		48		49		50	
11주 차	51		52		53		54		55	
12주 차	56		57		58		59		60	

1장

국어

1주차 1일

01

같은 낱말, 다른 의미

국어 2학년 1학기 | 2. 말의 재미가 솔솔

- 총 어절 수 72개
- 권장 읽기 시간 45초

아래 글을 소리 내어 읽고, 걸린 시간을 아래 빈칸에 써 보세요.

'먹다'라는 말은 우리가 자주 사용하는 표현이에요.

'밥을 먹다, 과자를 먹다'처럼 음식을 입에 넣고 삼킨다는 의미가 있어요. 또 새 학년이 되어 '공부를 열심히 하기로 마음먹다'와 같이 마음이나 감정을 품는 것을 나타내기도 해요. 무서운 이야기를 듣고 '겁을 먹다'라고 이야기하면 겁이나 충격을 느낀 것을 뜻하지요. 새해가 되어 '한 살 더 먹다'라고 할 때는 어떤 나이가 되거나 나이를 더하다는 뜻이 있고요.

이렇게 우리말에는 같은 글자이면서 여러 가지 뜻으로 사용되는 낱말들이 있어요. 또 어떤 다른 의미가 있을까요?

걸린 시간  분  초

낱말을 익혀요

본문에 수록된 주요 낱말들의 뜻을 익혀요.

1 자주

- 뜻: 같은 일이 되풀이되는 간격이 짧게
- 예문: 우리 가족은 동물을 좋아해서 동물원에 자주 간다.

2 품다

- 뜻: 생각이나 느낌 등을 마음속에 가지다
- 예문: 내가 좋아하는 영화 주인공을 볼 수 있다는 희망을 품고 극장에 갔다.

3 충격

- 뜻: 슬픈 일이나 뜻밖의 사건 등으로 마음에 받은 심한 자극이나 영향
- 예문: 친구가 갑자기 이사를 간다는 소식을 들어서 충격을 받았다.

단계별로 연습하기

1단계
올바른 발음을 익혀요.

발음이 어렵거나 헷갈리는 낱말들을 정확하게 읽어요.

① 먹다 [먹따] ② 밥을 [바블]
③ 입에 [이베] ④ 학년 [항년]
⑤ 열심히 [열씸히] ⑥ 뜻하지요 [뜨타지요]

2단계
듣고 따라 읽어요.

QR코드에서 들려주는 선생님의 음성을 들으며 읽는 연습을 해요.

1 정확하게 따라 읽어요.

2 속도에 맞춰 따라 읽어요.

3 자연스럽게 따라 읽어요.

3단계
다시 읽어봐요.

다시 소리 내어 읽고, 걸린 시간을 아래 빈칸에 써 보세요.

걸린 시간  분  초 

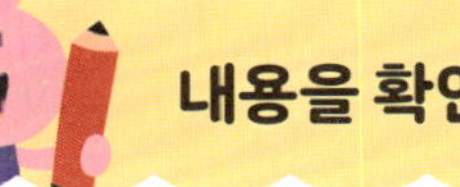

내용을 확인해요

본문에서 읽었던 내용을 떠올리며 아래 문제를 풀어봐요.

정답 ▶ 157쪽

1 문장에서 '먹다'의 의미로 알맞은 것을 연결하세요.

① 세 살 먹은 아이 • • ㉠ 마음이나 감정을 품다
② 게임 시간을 줄이기로 마음먹다 • • ㉡ 입에 넣고 삼키다
③ 아이스크림을 먹다 • • ㉢ 어떤 나이가 되다

2 <보기>의 밑줄 친 낱말과 같은 뜻으로 문장을 만들어 쓰세요.

보기 | 새해가 되어 한 살 더 먹었다.

•

1주차 2일

02 흉내 내는 말

- 총 어절 수 72개
- 권장 읽기 시간 45초

아래 글을 소리 내어 읽고, 걸린 시간을 아래 빈칸에 써 보세요.

문장을 꾸며주는 여러 낱말 중에는 소리를 흉내 내는 말과 모양을 흉내 내는 말이 있습니다.

소리를 흉내 내는 말은 '멍멍, 짹짹, 꽥꽥'처럼 동물의 소리를 흉내 내기도 하고, '쨍그랑, 쿵쿵, 똑똑'처럼 무언가 떨어지거나 두드릴 때의 소리를 흉내 내기도 합니다. '우르르 쾅쾅'과 같이 자연의 소리도 표현할 수 있습니다.

모양을 흉내 내는 말은 '성큼성큼, 동글동글'처럼 움직임이나 생김새를 흉내 내기도 하고, '거뭇거뭇, 노릇노릇'처럼 색을 흉내 낼 수도 있습니다.

흉내 내는 말은 이야기나 글을 생동감 있게 만들어 줍니다.

걸린 시간 ( )분 ( )초

낱말을 익혀요

본문에 수록된 주요 낱말들의 뜻을 익혀요.

1 흉내
- 뜻: 다른 사람 또는 동물의 말, 소리, 행동 등을 그대로 옮기는 짓
- 예문: 승규는 소의 울음소리를 곧잘 흉내를 냈다.

2 거뭇거뭇
- 뜻: 군데군데 검은 빛이 조금 나는 모양
- 예문: 아빠의 얼굴에 거뭇거뭇 수염이 돋아났다.

3 생동감
- 뜻: 싱싱하고 활기찬 기운이 있어 살아 움직이는 듯한 느낌
- 예문: 명절에 많은 친척들이 방문하니, 왁자지껄해져 생동감이 넘쳤다.

단계별로 연습하기

1단계
올바른 발음을 익혀요.

발음이 어렵거나 헷갈리는 낱말들을 정확하게 읽어요.

① 낱말 [난말] ② 떨어지거나 [떠러지거나]
③ 움직임 [움지김] ④ 거뭇거뭇 [거문꺼묻]
⑤ 노릇노릇 [노른노륻] ⑥ 색을 [새글]

2단계
듣고 따라 읽어요.

QR코드에서 들려주는 선생님의 음성을 들으며 읽는 연습을 해요.

1 정확하게 따라 읽어요.
2 속도에 맞춰 따라 읽어요.
3 자연스럽게 따라 읽어요.

3단계
다시 읽어봐요.

다시 소리 내어 읽고, 걸린 시간을 아래 빈칸에 써 보세요.

걸린 시간 ( ) 분 ( ) 초

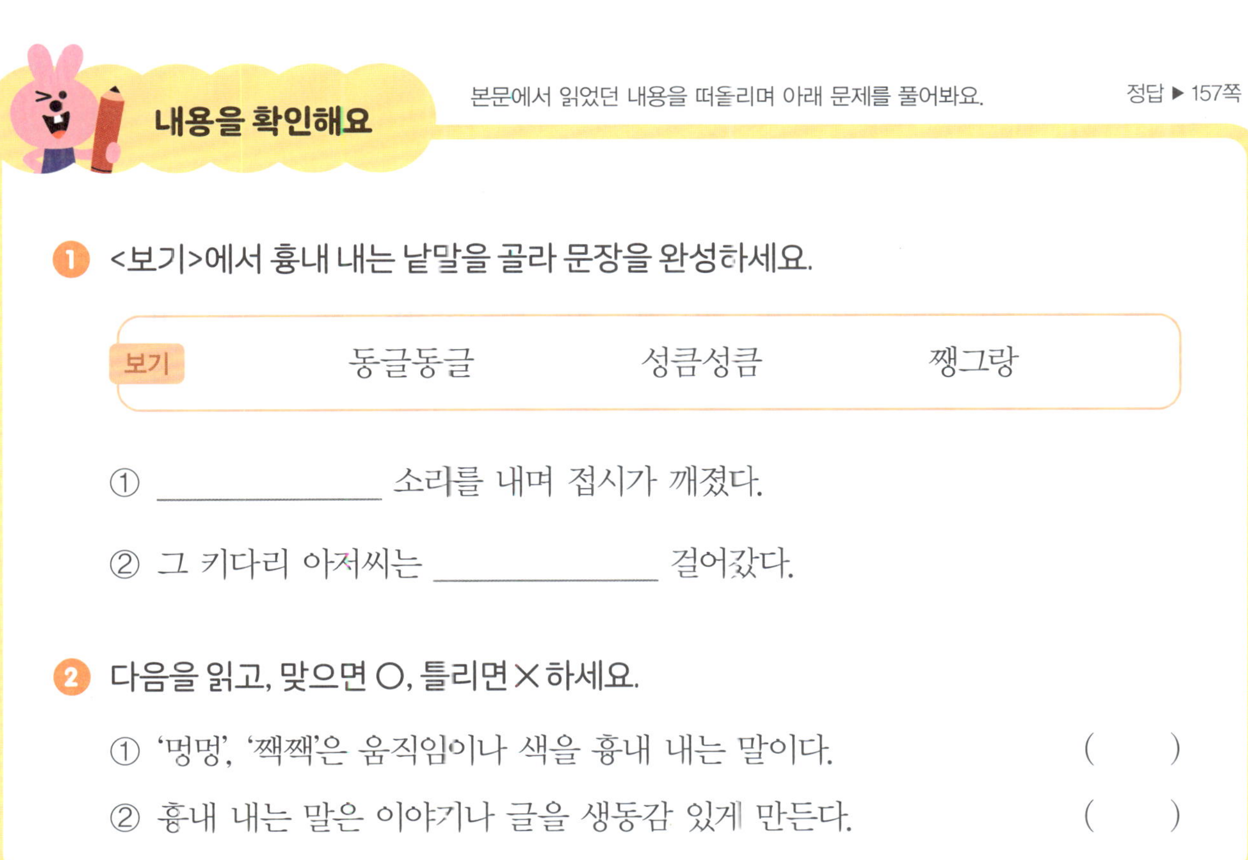

내용을 확인해요

본문에서 읽었던 내용을 떠올리며 아래 문제를 풀어봐요.

정답 ▶ 157쪽

1 <보기>에서 흉내 내는 낱말을 골라 문장을 완성하세요.

보기	동글동글	성큼성큼	쨍그랑

① ______________ 소리를 내며 접시가 깨졌다.

② 그 키다리 아저씨는 ______________ 걸어갔다.

2 다음을 읽고, 맞으면 ○, 틀리면 ✕ 하세요.

① '멍멍', '짹짹'은 움직임이나 색을 흉내 내는 말이다. ( )

② 흉내 내는 말은 이야기나 글을 생동감 있게 만든다. ( )

1주차 3일

03

토박이말이 뭐예요?

국어 2학년 1학기 | 4. 분위기를 살려 읽어요

- 총 어절 수 73개
- 권장 읽기 시간 45초

아래 글을 소리 내어 읽고, 걸린 시간을 아래 빈칸에 써 보세요.

들숨, 날숨, 해거름, 볼가심, 생채기, 말다짐과 같은 말을 들어본 적 있나요? 이처럼 아주 오래된 순수한 우리말을 '토박이말'이라고 합니다.

들숨은 몸 안으로 들이마시는 숨, 날숨은 몸 밖으로 내쉬는 숨을 뜻합니다. 해거름은 해가 서쪽으로 넘어가는 일이나 그런 때를 의미합니다. 볼가심은 물 따위를 머금어 볼의 안쪽을 깨끗이 씻는 것을 말합니다. 생채기는 손톱 따위로 할퀴이거나 긁히어 생긴 작은 상처를 뜻하고, 말다짐은 말로 굳게 다짐하는 일을 나타냅니다.

토박이말은 다른 나라에서 온 말이 아니라 우리나라에서 만들어지고 오래도록 사용된 말입니다.

걸린 시간  분  초

낱말을 익혀요

본문에 수록된 주요 낱말들의 뜻을 익혀요.

1 토박이

뜻 대대로 오랫동안 한 고장에서 살아 온 사람

예문 우리 삼촌은 부산에서 태어나 지금까지 살고 계신 부산 토박이이다.

2 머금다

뜻 삼키지 않고 입속에 두다

예문 나는 한동안 물을 머금고 있다가 조금씩 삼켰다.

3 할퀴이다

뜻 손톱이나 날카로운 물건에 긁혀 상처가 나다

예문 숲에서 가시나무에 할퀴여 상처가 났다.

단계별로 연습하기

1단계

올바른 발음을 익혀요.

발음이 어렵거나 헷갈리는 낱말들을 정확하게 읽어요.

① 들숨 [들쑴]　② 날숨 [날쑴]
③ 토박이말 [토바기말]　④ 머금어 [머그머]
⑤ 씻는 [씬는]　⑥ 긁히어 [글키어]

2단계

듣고 따라 읽어요.

QR코드에서 들려주는 선생님의 음성을 들으며 읽는 연습을 해요.

1 정확하게 따라 읽어요. 

2 속도에 맞춰 따라 읽어요. 

3 자연스럽게 따라 읽어요. 

3단계

다시 읽어봐요.

다시 소리 내어 읽고, 걸린 시간을 아래 빈칸에 써 보세요.

걸린 시간   분  초

내용을 확인해요

본문에서 읽었던 내용을 떠올리며 아래 문제를 풀어봐요.

정답 ▶ 157쪽

1 <보기>에서 알맞은 낱말을 골라 문장을 완성하세요.

보기	말다짐	들숨	생채기

① 우리 집 고양이 발톱에 긁히어 팔에 ____________이/가 났다.

② 새학년이 되어 공부도, 운동도 열심히 해야겠다고 ____________을/를 했다.

2 빈칸에 알맞은 낱말을 본문에서 찾아 쓰세요.

날숨, 해거름처럼 아주 오래된 순수한 우리말을 (이)라고 한다.

1주차 4일

04 받침이 두 개

- 총 어절 수 68개
- 권장 읽기 시간 45초

아래 글을 소리 내어 읽고, 걸린 시간을 아래 빈칸에 써 보세요.

한글에서 글자 아래에 받쳐 적는 글자를 받침이라고 하는데 그 받침이 두 개가 쓰이는 것들이 있습니다. 이를 겹받침이라고 하고 한 받침만 소리가 납니다.

'몫', '품삯'과 같이 'ㄳ'을 받침으로 쓰면 '목', '품싹'처럼 앞소리인 'ㄱ'으로 발음합니다. '앉다', '얹다'의 'ㄵ' 받침도 앞소리 'ㄴ'으로 발음해서 '안따', '언따'로 읽습니다. '삶다'는 뒷소리 'ㅁ'의 영향을 받아 '삼따'라고 발음합니다. '맑다'와 '맑고'의 'ㄺ'받침은 '막따', '말꼬'처럼 뒷소리와 앞소리의 영향을 각각 받으며, '없다', '많다'처럼 '다'로 끝나면 각각 '업따', '만타'로 발음합니다.

걸린 시간 ( )분 ( )초

낱말을 익혀요

본문에 수록된 주요 낱말들의 뜻을 익혀요.

1 품삯

뜻 일을 한 대가로 주거나 받는 돈이나 물건

예문 구두쇠 영감은 가을 내내 일한 머슴에게 품삯을 주지 않았어요.

2 얹다

뜻 위에 올려놓다

예문 책상 위에 책을 얹어 놓았다.

3 삶다

뜻 물에 넣고 끓이다

예문 나는 삶은 달걀을 좋아한다.

단계별로 연습하기

1단계

올바른 발음을 익혀요.

발음이 어렵거나 헷갈리는 낱말들을 정확하게 읽어요.

① 글자 [글짜] ② 적는 [정는]
③ 겹받침 [겹빠침] ④ 발음 [바름]
⑤ 앞소리 [압쏘리] ⑥ 끝나면 [끈나면]

2단계

듣고 따라 읽어요.

QR코드에서 들려주는 선생님의 음성을 들으며 읽는 연습을 해요.

1 정확하게 따라 읽어요.

2 속도에 맞춰 따라 읽어요.

3 자연스럽게 따라 읽어요.

3단계

다시 읽어봐요.

다시 소리 내어 읽고, 걸린 시간을 아래 빈칸에 써 보세요.

걸린 시간 ( ) 분 ( ) 초

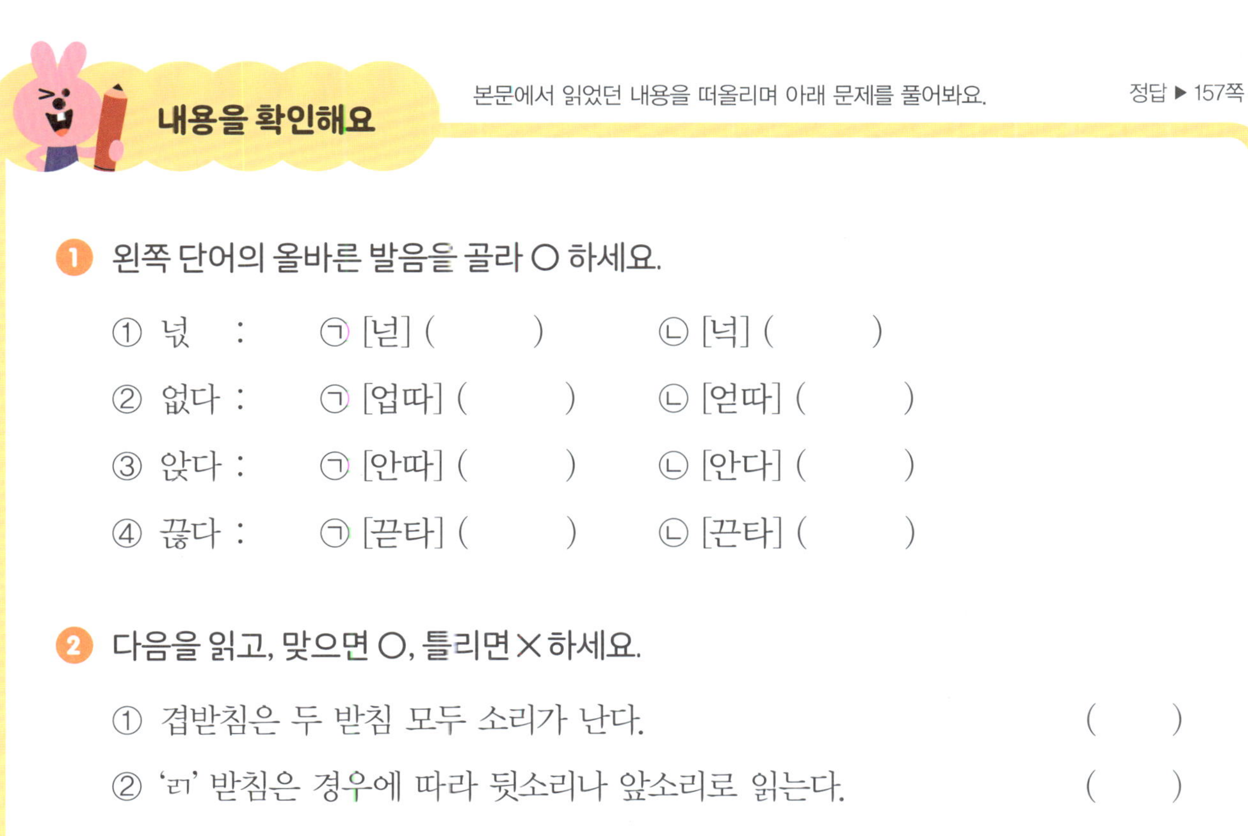

내용을 확인해요

본문에서 읽었던 내용을 떠올리며 아래 문제를 풀어봐요.

정답 ▶ 157쪽

1 왼쪽 단어의 올바른 발음을 골라 ○ 하세요.

① 넋 : ㉠ [넏] ( ) ㉡ [넉] ( )
② 없다 : ㉠ [업따] ( ) ㉡ [얻따] ( )
③ 앉다 : ㉠ [안따] ( ) ㉡ [안다] ( )
④ 끊다 : ㉠ [끋타] ( ) ㉡ [끈타] ( )

2 다음을 읽고, 맞으면 ○, 틀리면 ✕ 하세요.

① 겹받침은 두 받침 모두 소리가 난다. ( )
② 'ㄺ' 받침은 경우에 따라 뒷소리나 앞소리로 읽는다. ( )

1주차 5일

05 마음이 조마조마하다

- 총 어절 수 74개
- 권장 읽기 시간 45초

아래 글을 소리 내어 읽고, 걸린 시간을 아래 빈칸에 써 보세요.

드디어 올 것이 왔다.

선생님께서 교실에 있는 꽃병이 깨졌다고 누가 그랬는지 물어보시는데, 내 가슴이 뜨끔했다. 사실 내가 어제 장난치다가 실수로 꽃병을 건드려 넘어뜨렸기 때문이다. 나는 얼굴을 들 수가 없어 낯을 붉히며 고개를 푹 숙였다. 친구들이 웅성거리며 수군댔고, 그 소리가 귀에 거슬렸다.

"누가 그런 거야?" 하는 말들이 들려오자 내 마음이 조마조마했다. 하지만 혹시라도 내가 범인이라고 의심할까 봐 나는 눈 하나 까딱하지 않았다. 그때 선생님께서 "누가 한 일인지 아는 사람?" 하고 다시 물으셨다.

순간 눈이 휘둥그레졌다.

(뒷이야기는 다음 과에서……)

걸린 시간  분  초 

낱말을 익혀요

본문에 수록된 주요 낱말들의 뜻을 익혀요.

1 뜨끔하다

뜻 마음에 찔리는 것이 있어 불편하다

예문 거짓말을 한 후 엄마의 표정을 보니 가슴이 뜨끔했다.

2 낯

뜻 눈, 코, 입 등이 있는 얼굴의 바닥

예문 아기가 낯을 많이 가려서 모르는 사람을 보면 운다.

3 거슬리다

뜻 못마땅하거나 마음에 들지 않아 기분이 상하다

예문 버스 안에서 크게 전화하는 소리가 귀에 거슬렸다.

단계별로 연습하기

1단계
올바른 발음을 익혀요.

발음이 어렵거나 헷갈리는 낱말들을 정확하게 읽어요.

① 꽃병 [꼳뼝] ② 그랬는지 [그랜는지]
③ 넘어뜨렸기 [너머뜨렫끼] ④ 낯을 [나츨]
⑤ 붉히며 [불키며] ⑥ 혹시라도 [혹씨라도]

2단계
듣고 따라 읽어요.

QR코드에서 들려주는 선생님의 음성을 들으며 읽는 연습을 해요.

1 정확하게 따라 읽어요. 

2 속도에 맞춰 따라 읽어요. 

3 자연스럽게 따라 읽어요. 

3단계
다시 읽어봐요.

다시 소리 내어 읽고, 걸린 시간을 아래 빈칸에 써 보세요.

걸린 시간  분  초 

내용을 확인해요

본문에서 읽었던 내용을 떠올리며 아래 문제를 풀어봐요.

정답 ▶ 157쪽

1 어구와 그 의미를 바르게 연결하세요.

① 가슴이 뜨끔하다 • • ㉠ 어떤 소리가 마음에 들지 않고 불편하다
② 귀에 거슬리다 • • ㉡ 마음에 찔리는 것이 있어 불편하다
③ 조마조마하다 • • ㉢ 마음이 초조하고 불안하다

2 글쓴이의 마음으로 알맞은 것은 무엇인가요?

① 누가 꽃병을 깼는지 궁금함
② 친구들이 나를 의심해서 화가 남
③ 나의 실수를 들킬까 봐 불안하고 불편함

2주차 1일

06

등골이 오싹

국어 2학년 1학기 | 5. 마음을 짐작해요

- 총 어절 수 74개
- 권장 읽기 시간 45초

아래 글을 소리 내어 읽고, 걸린 시간을 아래 빈칸에 써 보세요.

혹시 누군가 본 걸까? 나는 등골이 오싹했다. 더는 숨길 수 없어서 손을 들었다.

"죄송해요. 제가 실수로……"라고 말하며 눈물을 삼켰다. 친구들은 놀란 표정을 지었고, 어떤 친구는 나를 바라보며 고개를 저었다. 하지만 선생님께서는 나를 혼내지 않으시고 "솔직하게 말해줘서 고맙다"고 하셨다. 나는 낯을 못 들었지만, 한편으로는 마음이 조금 가벼워졌다.

집에 가는 길에, 친구들이 다가와 "괜찮아, 실수할 수도 있지!"라고 말해 주었다. 나는 눈물을 참으며 웃어 보였다.

오늘 하루는 가슴이 뛰는 순간이 많았지만, 정직하게 말할 수 있어서 다행이라고 생각했다.

걸린 시간 ( ) 분 ( ) 초

낱말을 익혀요

본문에 수록된 주요 낱말들의 뜻을 익혀요.

1 등골

뜻 사람의 등 한가운데에 길게 들어간 부분

예문 날씨가 너무 더워 등골을 타고 땀이 흘렀다.

2 오싹하다

뜻 몹시 무섭거나 추워서 몸이 움츠러들거나 소름이 끼치다

예문 영화에서 무서운 장면이 나와 온몸이 오싹했다.

3 정직하다

뜻 마음에 거짓이나 꾸밈이 없고 바르고 곧다

예문 자신이 잘못한 일은 정직하게 말하고 용서를 구하는 것이 옳다.

단계별로 연습하기

1단계
올바른 발음을 익혀요.

발음이 어렵거나 헷갈리는 낱말들을 정확하게 읽어요.

① 등골이 [등꼬리]　② 오싹했다 [오싸캐따]
③ 없어서 [업써서]　④ 않으시고 [아느시고]
⑤ 괜찮아 [괜차나]　⑥ 있지 [이찌]

2단계
듣고 따라 읽어요.

QR코드에서 들려주는 선생님의 음성을 들으며 읽는 연습을 해요.

1 정확하게 따라 읽어요.
2 속도에 맞춰 따라 읽어요.
3 자연스럽게 따라 읽어요.

3단계
다시 읽어봐요.

다시 소리 내어 읽고, 걸린 시간을 아래 빈칸에 써 보세요.

걸린 시간  분  초

내용을 확인해요

본문에서 읽었던 내용을 떠올리며 아래 문제를 풀어봐요.

정답 ▶ 157쪽

1 어구와 그 의미를 바르게 연결하세요.

① 등골이 오싹하다 •	• ㉠ 마음 속 걱정이 사라지다
② 낯을 못 들다 •	• ㉡ 창피하여 얼굴을 들지 못하다
③ 마음이 가볍다 •	• ㉢ 심한 두려움으로 소름이 끼치다

2 본문의 내용과 일치하지 않는 것은 무엇인가요?

① 글쓴이는 자신의 실수를 솔직하게 이야기했다.
② 글쓴이는 꽃병을 깨뜨렸다고 선생님께 야단을 맞았다.
③ 사실을 알게 된 친구들이 글쓴이에게 괜찮다고 말해 주었다.

2주차 2일

07

다리가 저리다? 절이다?

국어 2학년 1학기 | 5. 마음을 짐작해요

- 총 어절 수 64개
- 권장 읽기 시간 45초

아래 글을 소리 내어 읽고, 걸린 시간을 아래 빈칸에 써 보세요.

콩콩이는 엄마가 잘 다려주신 앞치마를 두르고 요리를 시작했습니다.

"먼저 배추를 소금에 절여야 해."

배추에 소금을 뿌리고 시간이 지나자 배추에서 물이 나왔습니다. 물기를 짜낸 콩콩이가

"우와! 배추가 부드러워졌어요!"라며 놀랐습니다.

너무 오래 앉아있던 콩콩이는 다리가 저려 엉거주춤 일어났습니다.

"너무 오래 같은 자세로 있어서 그래." 엄마는 웃으며 말씀하셨습니다. 엄마의 비법을 담은 생강차도 끓여주셨습니다.

"이건 생강을 오랫동안 달여서 만든 차야. 감기에도 아주 좋단다."

"따뜻하고 매운맛도 나고 달콤하기도 하네요!"

걸린 시간 ( ) 분 ( ) 초

낱말을 익혀요

본문에 수록된 주요 낱말들의 뜻을 익혀요.

1 다리다
- 뜻: 옷이나 천 등의 구김을 펴기 위해 다리미로 눌러 문지르다
- 예문: 구겨진 치마를 다리고 나니 새 옷 같았다.

2 절이다
- 뜻: 재료에 소금, 식초, 설탕 등이 배어들게 하다
- 예문: 우리 할머니는 설탕에 절인 인삼을 좋아하신다.

3 저리다
- 뜻: 몸의 일부가 오래 눌려서 피가 잘 안 통하여 감각이 둔하고 아리다
- 예문: 옆으로 오랫동안 누워있었더니 팔이 저린다.

4 달이다
- 뜻: 물을 부어 우러나도록 끓이다
- 예문: 엄마는 할아버지께서 드실 한약을 달이셨다.

단계별로 연습하기

1단계
올바른 발음을 익혀요.

발음이 어렵거나 헷갈리는 낱말들을 정확하게 읽어요.

① 절여야 [저려야] ② 물기 [물끼]
③ 앉아있던 [안자읻떤] ④ 비법 [비뻡]
⑤ 끓여주셨습니다 [끄려주셛씀니다] ⑥ 오랫동안 [오래똥안/오랟똥안]

2단계
듣고 따라 읽어요.

QR코드에서 들려주는 선생님의 음성을 들으며 읽는 연습을 해요.

1 정확하게 따라 읽어요. 
2 속도에 맞춰 따라 읽어요. 
3 자연스럽게 따라 읽어요. 

3단계
다시 읽어봐요.

다시 소리 내어 읽고, 걸린 시간을 아래 빈칸에 써 보세요.

걸린 시간  분  초

내용을 확인해요

본문에서 읽었던 내용을 떠올리며 아래 문제를 풀어봐요.

정답 ▶ 157쪽

1 괄호 안의 알맞은 낱말에 ○ 하세요.

① 나는 엄마가 (다려, 달여) 주신 치마를 입었다.
② 엄마는 양파를 식초에 (저려, 절여) 반찬을 만드신다.
③ 손으로 오래 누르고 있었더니 손이 (저렸다, 절였다).
④ 할머니께서 오래 (다려, 달여) 주신 국물이 맛있었다.

2 콩콩이와 엄마가 사용한 재료가 아닌 것은 무엇인가요?

① 배추 ② 소금
③ 고추 ④ 생강

2주차 3일

08

건이의 바른 국어 생활

국어 2학년 1학기 | 5. 마음을 짐작해요

- 총 어절 수 63개
- 권장 읽기 시간 45초

아래 글을 소리 내어 읽고, 걸린 시간을 아래 빈칸에 써 보세요.

(제목은 소리 내어 읽지 않습니다.)

〈건이의 바른 국어 생활〉

책상 위의 학용품은 반듯이 정리하고,
오늘의 숙제는 반드시 끝내자.
받아쓰기 숙제를 모두 마치고 나서
받아쓰기 문제를 척척 맞히자.
놀이터에서 아이들과 떼를 지어 신나게 놀고
집에 와서는 손의 때를 깨끗이 씻자.

예쁜 봉투에 우표를 붙이고,
할머니께 편지를 부치자.
팔을 쭉쭉 늘여서 기차처럼 길어져 보고
걸음도 살짝 느리게, 거북이처럼 가 보자.
헷갈리는 말이 아무리 많아도
건이의 국어 생활은 반듯반듯!
기분도 반짝반짝!

걸린 시간  분   초

낱말을 익혀요

본문에 수록된 주요 낱말들의 뜻을 익혀요.

1 학용품

뜻 필기도구나 공책 등과 같이 공부할 때 필요한 물품

예문 새학년 준비를 위해 할아버지께서 여러 가지 학용품을 사주셨다.

2 우표

뜻 우편 요금을 낸 표시로 우편물에 붙이는 작은 종이

예문 우리 형은 세계 여러 나라의 우표를 모으고 있다.

3 헷갈리다

뜻 정신이 어지럽고 혼란스럽게 되다

예문 우리말에는 받침이 헷갈리는 말들이 많이 있다.

단계별로 연습하기

1단계
올바른 발음을 익혀요.

발음이 어렵거나 헷갈리는 낱말들을 정확하게 읽어요.

① 학용품 [하공품] ② 반듯이 [반드시]
③ 맞히자 [마치자] ④ 붙이고 [부치고]
⑤ 헷갈리는 [헫깔리는] ⑥ 반듯반듯 [반듣빤듣]

2단계
듣고 따라 읽어요.

QR코드에서 들려주는 선생님의 음성을 들으며 읽는 연습을 해요.

1 정확하게 따라 읽어요.

2 속도에 맞춰 따라 읽어요.

3 자연스럽게 따라 읽어요.

3단계
다시 읽어봐요.

다시 소리 내어 읽고, 걸린 시간을 아래 빈칸에 써 보세요.

걸린 시간  분  초

내용을 확인해요

본문에서 읽었던 내용을 떠올리며 아래 문제를 풀어봐요.

정답 ▶ 157쪽

1 다음 중 밑줄 친 낱말의 쓰임이 잘못된 것은 무엇인가요?

① 고무줄을 잡아당겨 길게 늘였다.
② 파란 하늘에 철새 떼가 날아가고 있다.
③ 미술시간에 색종이를 오려 풀로 붙였다.
④ 양궁 선수가 10점을 맞히고 금메달을 결정지었다.

2 '반드시'를 넣어 짧은 문장을 만들어 쓰세요.

•

국어 2학년 1학기 | 5. 마음을 짐작해요

- 총 어절 수 75개
- 권장 읽기 시간 45초

2주차 4일

09 누나 가방에 들어가다(?)

아래 글을 소리 내어 읽고, 걸린 시간을 아래 빈칸에 써 보세요.

1. 누나가 감기에 걸려 학교에 가지 못했다. 오늘 반대표를 뽑는 날인데 못 가서 많이 속상해했다. 누나 가죽을 먹고 약을 먹었다. 많이 아픈지 누나 가방에 들어가서 잔다고 했다.

2. 누나가 감기에 걸려 학교에 가지 못했다. 오늘 반 대표를 뽑는 날인데 못 가서 많이 속상해했다. 누나가 죽을 먹고 약을 먹었다. 많이 아픈지 누나가 방에 들어가서 잔다고 했다.

띄어쓰기에 따라 반의 대표인 '반 대표'가 투표에서 반대하는 '반대표'가 됩니다. 또 누나가 가죽을 먹기도 하고 가방에 들어갈 수도 있으니 주의해서 써야 한답니다.

걸린 시간  분  초

낱말을 익혀요

본문에 수록된 주요 낱말들의 뜻을 익혀요.

1 반대표

뜻 투표에서 반대하는 뜻을 나타내는 표

예문 학급 회의에서 반대표가 많지 않아 우리 모둠의 의견으로 결정되었다.

2 대표

뜻 어떤 조직이나 집단의 권리를 행사하거나 책임을 맡고 있는 사람

예문 우리 엄마는 학부모 대표를 맡아 일을 하고 계신다.

3 주의

뜻 마음에 새겨 두고 조심함

예문 비가 오는 날에는 미끄러운 곳이 많아 걸을 때 주의를 해야 한다.

단계별로 연습하기

1단계
올바른 발음을 익혀요.

발음이 어렵거나 헷갈리는 낱말들을 정확하게 읽어요.

① 뽑는 [뽐는] ② 속상해했다 [속쌍해핻따]
③ 죽을 [주글] ④ 약을 [야글]
⑤ 먹기도 [먹끼도] ⑥ 주의 [주의/주이]

2단계
듣고 따라 읽어요.

QR코드에서 들려주는 선생님의 음성을 들으며 읽는 연습을 해요.

1 정확하게 따라 읽어요.
2 속도에 맞춰 따라 읽어요.

3 자연스럽게 따라 읽어요.

3단계
다시 읽어봐요.

다시 소리 내어 읽고, 걸린 시간을 아래 빈칸에 써 보세요.

걸린 시간  분  초

내용을 확인해요

본문에서 읽었던 내용을 떠올리며 아래 문제를 풀어봐요. 정답 ▶ 157쪽

1 그림에 알맞은 문장에 ○ 하세요.

①

㉠ 나 물 좀 다오. (　　)
㉡ 나물 좀 다오. (　　)

②

㉠ 빨간색 연필 (　　)
㉡ 빨간 색연필 (　　)

2주차 5일

10 팥죽 할멈과 호랑이

국어 2학년 1학기 | 8. 다양한 작품을 감상해요

- 총 어절 수 72개
- 권장 읽기 시간 45초

아래 글을 소리 내어 읽고, 걸린 시간을 아래 빈칸에 써 보세요.

추운 겨울날, 팥죽 할멈은 팥죽을 끓이고 있었어요. 오늘은 호랑이가 할멈을 잡아먹으러 오기로 한 날이었지요. 할멈은 집 안의 물건들에게 부탁했어요.

"얘들아, 도와줘! 무서운 호랑이가 날 잡아먹으려 해!"

"걱정 마세요. 저희가 도와드릴게요!"

맷돌, 지게, 멍석, 밤송이가 대답했어요. 드디어 호랑이가 나타났어요.

"어흥! 할멈, 약속은 잊지 않았겠지?"

그때 밤송이가 아궁이에서 호랑이의 얼굴로 튀었어요. 깜짝 놀라 호랑이가 엉덩방아를 찧자, 맷돌이 호랑이의 머리 위로 떨어졌어요. 쓰러진 호랑이를 멍석이 둘둘 말았고, 지게가 호랑이를 짊어지고는 성큼성큼 걸어가서 깊은 강물에 던졌답니다.

낱말을 익혀요

본문에 수록된 주요 낱말들의 뜻을 익혀요.

1 맷돌

- 뜻: 두 돌 사이에 곡식을 넣고 손잡이를 돌려서 곡식을 가는 데 쓰는 기구
- 예문: 할머니께서는 맷돌로 콩을 갈아 두부를 만드셨다.

2 지게

- 뜻: 등에 짐을 질 수 있도록 나무로 만든 한국 고유의 운반 도구
- 예문: 나무꾼은 지게를 지고 산을 올라갔다.

3 멍석

- 뜻: 사람이 앉거나 곡식을 널어 말리기 위해 짚으로 엮어 만든 큰 깔개
- 예문: 마당에 있는 멍석에는 고추가 있었다.

단계별로 연습하기

1단계
올바른 발음을 익혀요.

발음이 어렵거나 헷갈리는 낱말들을 정확하게 읽어요.

① 겨울날 [겨울랄]
② 끓이고 [끄리고]
③ 맷돌 [맫똘/매똘]
④ 약속 [약쏙]
⑤ 찧자 [찌차]
⑥ 짊어지고는 [질머지고는]

2단계
듣고 따라 읽어요.

QR코드에서 들려주는 선생님의 음성을 들으며 읽는 연습을 해요.

1 정확하게 따라 읽어요. 

2 속도에 맞춰 따라 읽어요. 

3 자연스럽게 따라 읽어요. 

3단계
다시 읽어봐요.

다시 소리 내어 읽고, 걸린 시간을 아래 빈칸에 써 보세요.

걸린 시간  분  초

내용을 확인해요

본문에서 읽었던 내용을 떠올리며 아래 문제를 풀어봐요.

정답 ▶ 157쪽

1 일이 일어난 순서대로 번호를 쓰세요.

① 호랑이를 멍석이 둘둘 말았음
② 맷돌이 호랑이 머리 위로 떨어짐
③ 밤송이가 호랑이 얼굴로 튀어 오름
④ 지게가 호랑이를 짊어지고 강으로 감

(→ → →)

2 낱말을 바르게 읽지 않은 것은 무엇인가요?

① 끓이고 [끄리고]　② 약속 [약속]　③ 찧자 [찌차]

1장 <국어> 마무리 활동

정답 ▶ 157쪽

1 1장에서 배운 내용을 생각하며, 아래의 낱말을 정확하게 읽어봐요.

① 먹다	② 학년
③ 뜻하지요	④ 낱말
⑤ 거뭇거뭇	⑥ 노릇노릇
⑦ 들숨	⑧ 씻는
⑨ 굵히어	⑩ 겹받침
⑪ 앞소리	⑫ 끝나면
⑬ 꽃병	⑭ 낮을
⑮ 붉히며	⑯ 등골이
⑰ 없어서	⑱ 않으시고
⑲ 물기	⑳ 앉아있던
㉑ 비법	㉒ 맞히자
㉓ 붙이고	㉔ 헷갈리는
㉕ 뽑는	㉖ 속상해했다
㉗ 주의	㉘ 겨울날
㉙ 맷돌	㉚ 찧자

2 다음을 읽고, 맞으면 ○, 틀리면 × 하세요.

1과 ① 같은 글자이면서 여러 뜻으로 사용되는 낱말이 있다. (　　　)

4과 ② '몫'은 [못]으로, '품삯'은 [품삿]으로 발음된다. (　　　)

7과 ③ 물을 부어 우러나도록 끓이는 것을 '다리다'라고 한다. (　　　)

8과 ④ '우표를 붙이다', '편지를 부치다'가 맞는 표현이다. (　　　)

9과 ⑤ 띄어쓰기에 따라 문장의 뜻이 달라질 수 있다. (　　　)

3 <보기>에서 알맞은 낱말을 골라 빈칸에 쓰세요.

보기

낯　　맷돌　　조마조마　　토박이말　　지게　　거뭇거뭇

2과 ① [　　　] 은/는 군데군데 검은 빛이 조금 나는 모양이다.

3과 ② 아주 오래된 순수한 우리말을 [　　　] (이)라고 한다.

5과 ③ 주인공이 다칠까 봐 영화를 보는 내내 마음이 [　　　] 했다.

6과 ④ 나는 너무 부끄러워서 [　　　] 을/를 들 수가 없었다.

10과 ⑤ 나무꾼은 [　　　] 에 나무를 가득 지고 산을 내려왔다.

2장

수학

11	생활 속 수학 이야기
12	세 자리 수를 알아볼까요?
13	칠교놀이
14	세상을 움직이는 동그라미
15	지구를 위한 덧셈과 뺄셈
16	내 코가 석 자
17	내 몸 안의 자
18	분류의 연속
19	장미꽃 두 그루?
20	맛있는 우리말

3주차 1일

11

생활 속 수학 이야기

수학 2학년 1학기 | • 수학을 만나요

- 총 어절 수 74개
- 권장 읽기 시간 45초

아래 글을 소리 내어 읽고, 걸린 시간을 아래 빈칸에 써 보세요.

여러분은 수학을 좋아하나요? 학교에서 배우는 수학은 문제를 풀 때뿐만이 아니라, 일상생활에서도 많은 곳에 사용돼요.

엄마와 함께 장을 볼 때, 가격을 계산하는 것도 수학이에요. 한 개에 오백 원인 사과를 두 개 사면 천 원이죠. 또, 학교 갈 때나 친구와 만날 때, 시계를 보며 확인하는 시각도 수학이에요. 집에서 요리할 때도 레시피에 나온 재료의 양을 보고 나의 음식에 맞게 계산해야 해요. 가족의 생일 케이크에 꽂을 초의 개수를 세는 것도 수학이지요.

이렇게 우리는 매일 수학을 사용하며 살아가고 있어요.

걸린 시간  분   초

낱말을 익혀요

본문에 수록된 주요 낱말들의 뜻을 익혀요.

1 일상생활

뜻 특별한 일이 없는 보통 때의 생활

예문 우리는 일상생활에서 스마트폰을 자주 사용한다.

2 시각

뜻 연속되는 시간의 어느 한 지점

예문 오늘 해가 뜬 시각은 오전 5시 50분이었습니다.

3 레시피

뜻 음식을 만드는 방법

예문 우리 엄마의 맛있는 떡볶이는 엄마만의 레시피로 만들어진다.

단계별로 연습하기

1단계
올바른 발음을 익혀요.

발음이 어렵거나 헷갈리는 낱말들을 정확하게 읽어요.

① 일상생활 [일쌍생활]
② 계산 [계산/게산]
③ 맞게 [맏께]
④ 꽃을 [꼬츨]
⑤ 개수 [개쑤]
⑥ 이렇게 [이러케]

2단계
듣고 따라 읽어요.

QR코드에서 들려주는 선생님의 음성을 들으며 읽는 연습을 해요.

1 정확하게 따라 읽어요.

2 속도에 맞춰 따라 읽어요.

3 자연스럽게 따라 읽어요.

3단계
다시 읽어봐요.

다시 소리 내어 읽고, 걸린 시간을 아래 빈칸에 써 보세요.

걸린 시간  분  초

내용을 확인해요

본문에서 읽었던 내용을 떠올리며 아래 문제를 풀어봐요.

정답 ▶ 158쪽

1 생활 속 수학 내용으로 알맞지 않은 것은 무엇인가요?

① 10칸 공책에 받아쓰기 연습을 한다.

② 나의 하루 생활 계획표에 시각을 표시한다.

③ 시장에 가서 과일을 살 때 가격을 계산한다.

④ 집에서 학교까지 가는 데 걸리는 시간을 알아본다.

2 빈칸에 알맞은 낱말을 본문에서 찾아 쓰세요.

특별한 일이 없는 보통 때의 우리 생활을 ☐☐☐☐(이)라고 한다.

3주차 2일

12 세 자리 수를 알아볼까요?

- 총 어절 수 69개
- 권장 읽기 시간 45초

아래 글을 소리 내어 읽고, 걸린 시간을 아래 빈칸에 써 보세요.

지아가 호민이에게 수수께끼 문제를 냈습니다.

"99보다 1만큼 더 크고, 90보다 10만큼 더 큰 수는 무엇일까요?"

"정답! 100!"

호민이가 대답했습니다.

100은 70에서 30만큼 더 있는 수, 50 더하기 50은 100이라고 표현할 수도 있습니다. 무수히 많은 방법으로 나타낼 수 있답니다.

세 자리 수는 154, 236, 875처럼 숫자 세 개로 이루어진 수입니다. 세 자리 수에서 맨 앞 자리 숫자를 '백의 자리'라고 합니다. 예를 들어 875에서는 8이 백의 자리입니다. 100이 여덟 개 있다는 뜻이랍니다.

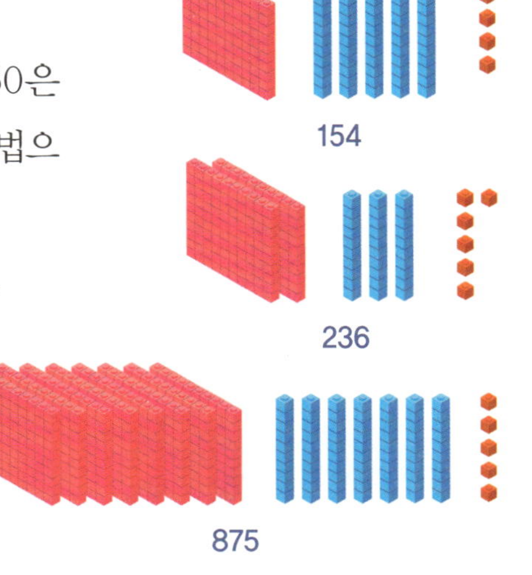

걸린 시간 ( )분 ( )초

낱말을 익혀요

본문에 수록된 주요 낱말들의 뜻을 익혀요.

1 수수께끼

- 뜻: 어떤 사물에 빗대어 말하여 그 뜻이나 이름을 알아맞히는 놀이
- 예문: 아빠는 수수께끼 문제 푸는 것을 좋아하신다.

2 무수히

- 뜻: 헤아릴 수 없을 만큼 많이
- 예문: 하늘에 무수히 떠 있는 별들이 정말 아름다웠다.

3 예

- 뜻: 어떤 것을 설명하거나 주장하기 위한 실제 본보기가 되는 것
- 예문: 선생님께서는 우리가 이해할 수 있도록 예를 들어 설명해 주셨다.

단계별로 연습하기

1단계
올바른 발음을 익혀요.

발음이 어렵거나 헷갈리는 낱말들을 정확하게 읽어요.

① 냈습니다 [낻씀니다] ② 90보다 [구십뽀다]
③ 대답했습니다 [대다팯씀니다] ④ 있습니다 [읻씀니다]
⑤ 앞자리 [압짜리] ⑥ 여덟 [여덜]

2단계
듣고 따라 읽어요.

QR코드에서 들려주는 선생님의 음성을 들으며 읽는 연습을 해요.

1 정확하게 따라 읽어요. 

2 속도에 맞춰 따라 읽어요. 

3 자연스럽게 따라 읽어요. 

3단계
다시 읽어봐요.

다시 소리 내어 읽고, 걸린 시간을 아래 빈칸에 써 보세요.

걸린 시간  분  초

내용을 확인해요

본문에서 읽었던 내용을 떠올리며 아래 문제를 풀어봐요.

정답 ▶ 158쪽

1 다음 중 나타내는 수가 다른 것은 무엇인가요?

① 80 더하기 20

② 97보다 13만큼 더 큰 수

③ 60에서 40만큼 더 있는 수

2 다음 세 자리 수에서 각 자리의 수를 쓰세요.

① 962에서 백의 자리 수: ______________

② 705에서 십의 자리 수: ______________

3주차 3일

13

칠교놀이

수학 2학년 1학기 | 2. 여러 가지 도형

- 총 어절 수 71개
- 권장 읽기 시간 45초

아래 글을 소리 내어 읽고, 걸린 시간을 아래 빈칸에 써 보세요.

'칠교'라는 이름은 놀이판이 일곱 개의 조각으로 이루어진 데에서 왔습니다. 칠교놀이는 정사각형의 도형을 크기가 다른 삼각형 다섯 개, 사각형 두 개의 조각으로 나누어 이리저리 움직여 여러 모양을 만드는 놀이입니다.

일곱 개의 조각으로 인물, 동물, 식물, 기물, 건물, 글자 등 백여 개의 모양을 만들 수 있습니다. 칠교놀이는 어린이뿐만 아니라 남녀노소 누구나 쉽게 즐길 수 있습니다. 옛날에는 집에 손님이 왔을 때 음식을 준비하는 동안이나 사람을 기다리는 시간에 지루하지 않도록 주인이 놀이판을 내어놓고 놀기도 하였답니다.

걸린 시간 분 초

낱말을 익혀요

본문에 수록된 주요 낱말들의 뜻을 익혀요.

1 **정사각형**

뜻 네 변의 길이와 네 각의 크기가 모두 같은 사각형

예문 색종이는 정사각형이다.

2 **기물**

뜻 그릇이나 가구 등과 같이 일상생활에 쓰는 여러 가지 물건

예문 새 집으로 이사해서 여러 가지 기물을 바꾸었다.

3 **남녀노소**

뜻 남자와 여자, 늙은이와 젊은이의 모든 사람

예문 그 가수는 남녀노소 할 것 없이 모두가 좋아한다.

단계별로 연습하기

1단계
올바른 발음을 익혀요.

발음이 어렵거나 헷갈리는 낱말들을 정확하게 읽어요.

① 놀이판이 [노리파니] ② 조각으로 [조가그로]
③ 정사각형 [정사가켱] ④ 움직여 [움지겨]
⑤ 않도록 [안토록] ⑥ 내어놓고 [내어노코]

2단계
듣고 따라 읽어요.

QR코드에서 들려주는 선생님의 음성을 들으며 읽는 연습을 해요.

1 정확하게 따라 읽어요. 
2 속도에 맞춰 따라 읽어요. 
3 자연스럽게 따라 읽어요. 

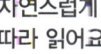

3단계
다시 읽어봐요.

다시 소리 내어 읽고, 걸린 시간을 아래 빈칸에 써 보세요.

걸린 시간  분  초

내용을 확인해요

본문에서 읽었던 내용을 떠올리며 아래 문제를 풀어봐요.

정답 ▶ 158쪽

1 다음을 읽고, 맞으면 ○, 틀리면 × 하세요.

① 칠교놀이에는 사각형이 두 개 있다. ( )
② 칠교놀이로 글자는 만들 수 없다. ( )
③ 칠교놀이는 어린이만을 위한 전통 놀이이다. ( )

2 빈칸에 알맞은 낱말을 본문에서 찾아 쓰세요.

① 이 영화는  누구에게나 감동을 준다.

② 칠교놀이판은  을/를 일곱 개의 도형으로 나눈다.

3주차 4일

14

수학 2학년 1학기 | 2. 여러 가지 도형

세상을 움직이는 동그라미

- 총 어절 수 72개
- 권장 읽기 시간 45초

아래 글을 소리 내어 읽고, 걸린 시간을 아래 빈칸에 써 보세요.

우리 생활 속 동그라미에는 많은 힘이 있어요.

먼저, 우리가 살고 있는 둥근 지구를 떠올려 보세요. 지구가 원 모양으로 혼자 돌면 낮과 밤이 바뀌고, 태양 주위를 한 바퀴 돌면서 계절이 변합니다. 또, 동그란 바퀴는 우리가 물건을 옮기거나 이동하는 데 큰 도움이 돼요. 자동차나 자전거는 모두 둥근 바퀴 덕분에 길을 따라 쉽게 이동할 수 있어요. 시계는 동그라미 모양으로 바늘이 움직이며 시간을 나타내요. 동그란 모양으로 움직이기 때문에 매일 같은 시간을 반복해서 나타낼 수 있게 돼요.

걸린 시간  분  초

낱말을 익혀요

본문에 수록된 주요 낱말들의 뜻을 익혀요.

① 원

뜻 둥근 모양이나 형태

예문 친구들과 둥근 원을 만들어 강강술래를 했다.

② 이동

뜻 움직여서 옮김 또는 움직여서 자리를 바꿈

예문 교실 자리가 바뀌어 새로운 모둠으로 책상을 이동했다.

③ 반복

뜻 같은 일을 여러 번 계속함

예문 학예회를 위해 노래를 반복해서 여러 번 연습했다.

단계별로 연습하기

1단계
올바른 발음을 익혀요.

발음이 어렵거나 헷갈리는 낱말들을 정확하게 읽어요.

① 낮과 [낟꽈]　② 밤이 [바미]
③ 옮기거나 [옴기거나]　④ 덕분에 [덕뿌네]
⑤ 움직이며 [움지기며]　⑥ 반복해서 [반보캐서]

2단계
듣고 따라 읽어요.

QR코드에서 들려주는 선생님의 음성을 들으며 읽는 연습을 해요.

1 정확하게 따라 읽어요.

2 속도에 맞춰 따라 읽어요.

3 자연스럽게 따라 읽어요.

3단계
다시 읽어봐요.

다시 소리 내어 읽고, 걸린 시간을 아래 빈칸에 써 보세요.

걸린 시간 　분 　초

내용을 확인해요

본문에서 읽었던 내용을 떠올리며 아래 문제를 풀어봐요.

정답 ▶ 158쪽

1 다음 중 모양이 <u>다른</u> 것은 무엇인가요?

① 지구　② 주사위
③ 바퀴　④ 훌라후프

2 본문의 내용과 일치하지 <u>않는</u> 것은 무엇인가요?

① 지구는 둥근 모양이다.
② 지구는 원 모양으로 태양 주위를 돈다.
③ 둥근 바퀴는 길을 따라 쉽게 이동할 수 있다.
④ 시계의 바늘은 매일 다른 모양으로 움직인다.

수학 2학년 1학기 | 3. 덧셈과 뺄셈

3주차 5일

15

지구를 위한 덧셈과 뺄셈

- 총 어절 수 75개
- 권장 읽기 시간 45초

아래 글을 소리 내어 읽고, 걸린 시간을 아래 빈칸에 써 보세요.

내가 살 곳이
점점 줄어드는군.
난 진흙이 싫어!

북극곰은 북극의 얼음 위에서 살아갑니다. 그런데 지구의 기온이 올라가 얼음이 녹게 되어, 북극곰이 살 수 있는 곳은 점점 줄어들고 있습니다. 반대쪽 남극의 펭귄은 눈 덮인 차가운 땅에서 삽니다. 하지만 눈이 녹으면서 진흙이 생기고, 깃털에 아직 방수기능이 없는 아기 펭귄은 오래 젖어있게 되어 위험하기도 합니다.

지구 온난화를 막기 위해서는 우리가 전기를 아껴 쓰고, 쓰레기를 줄여야 합니다. 이것이 바로 지구를 위한 뺄셈입니다. 또, 환경을 지키는 행동을 하나라도 더 실천해야 합니다. 이렇게 우리가 더하는 노력이 지구를 위한 덧셈이랍니다.

걸린 시간 ( ) 분 ( ) 초

낱말을 익혀요

본문에 수록된 주요 낱말들의 뜻을 익혀요.

① 기온

뜻 대기의 온도

예문 내일 최저 기온은 영하로 내려가 추울 것으로 예상됩니다.

② 방수

뜻 물이 새거나 스며들지 않도록 막음

예문 우리 텐트는 방수 기능이 있어 비오는 날에도 캠핑을 할 수 있다.

③ 온난화

뜻 지구의 기온이 높아지는 현상

예문 전 세계 곳곳에서 지구 온난화로 이상 기후가 나타나고 있다.

단계별로 연습하기

1단계
올바른 발음을 익혀요.

발음이 어렵거나 헷갈리는 낱말들을 정확하게 읽어요.

① 북극곰 [북끅꼼]　　② 북극 [북끅]
③ 녹게 [녹께]　　④ 덮인 [더핀]
⑤ 진흙이 [진흘기]　　⑥ 젖어있게 [저저읻께]

2단계
듣고 따라 읽어요.

QR코드에서 들려주는 선생님의 음성을 들으며 읽는 연습을 해요.

1 정확하게 따라 읽어요.

2 속도에 맞춰 따라 읽어요.

3 자연스럽게 따라 읽어요.

3단계
다시 읽어봐요.

다시 소리 내어 읽고, 걸린 시간을 아래 빈칸에 써 보세요.

걸린 시간  분  초 

내용을 확인해요

본문에서 읽었던 내용을 떠올리며 아래 문제를 풀어봐요.

정답 ▶ 158쪽

1 북극곰과 펭귄을 위해 우리가 할 수 있는 일이 아닌 것은 무엇인가요?

① 쓰레기 줄이기　　② 지구 환경 보호하기
③ 전기 아껴쓰기　　④ 동물원에 자주 가기

2 빈칸에 알맞은 낱말을 본문에서 찾아 쓰세요.

① 우비는 [ ][ ] 기능이 있어 비가 올 때 입어도 물이 스며들지 않는다.

② 환경 오염으로 지구의 [ ][ ] 이/가 점점 높아지고 있다.

③ 지구 [ ][ ][ ] 때문에 세계 곳곳에서 이상 기후가 나타나고 있다.

수학 2학년 1학기 | 4. 길이 재기

4주차 1일

16 내 코가 석 자

- 총 어절 수 72개
- 권장 읽기 시간 45초

아래 글을 소리 내어 읽고, 걸린 시간을 아래 빈칸에 써 보세요.

미술 시간에 승호는 윤아에게 도움을 청합니다.

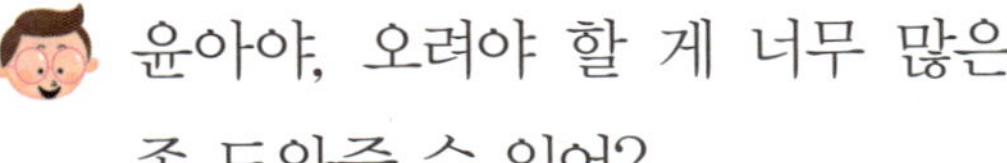

윤아야, 오려야 할 게 너무 많은데 나 좀 도와줄 수 있어?

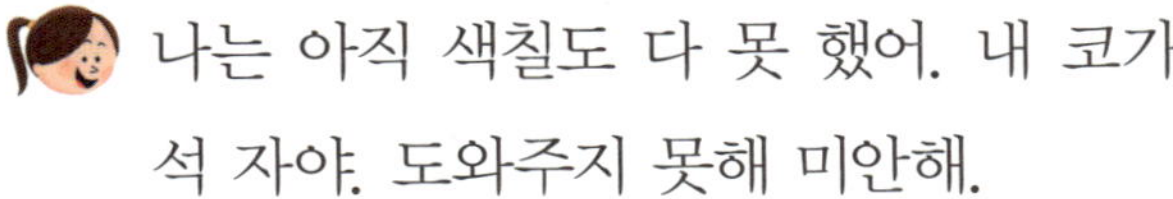

나는 아직 색칠도 다 못 했어. 내 코가 석 자야. 도와주지 못해 미안해.

'내 코가 석 자'는 내 사정이 급하고 어려워서 남을 돌볼 여유가 없다는 뜻의 속담입니다. 이 속담에서 '코'는 '콧물'을 뜻하고 '한 자'는 약 30cm를 나타내는 옛말입니다. '석 자'는 약 90cm의 길이로 콧물이 줄줄 흐르는 것을 과장해서 표현한 것입니다. 다급한 처지를 재미있게 표현한 속담입니다.

걸린 시간 ( )분 ( )초

낱말을 익혀요

본문에 수록된 주요 낱말들의 뜻을 익혀요.

① 속담

뜻 옛날부터 사람들 사이에서 전해져 오는 교훈이 담긴 짧은 말

예문 속담에는 그 나라 사람들의 생활의 지혜가 담겨 있습니다.

② 옛말

뜻 현재에는 쓰지 않는 옛날의 말

예문 그 학자는 사라진 옛말에 대해 연구하고 있다.

③ 과장

뜻 사실에 비해 지나치게 크거나 좋게 부풀려 나타냄

예문 그 사람은 작은 일을 과장하여 아주 대단한 일인 것처럼 말한다.

단계별로 연습하기

1단계
올바른 발음을 익혀요.

발음이 어렵거나 헷갈리는 낱말들을 정확하게 읽어요.

① 도움을 [도우믈] ② 석 자 [석 짜]
③ 급하고 [그파고] ④ 속담 [속땀]
⑤ 콧물 [콘물] ⑥ 옛말 [옌말]

2단계
듣고 따라 읽어요.

QR코드에서 들려주는 선생님의 음성을 들으며 읽는 연습을 해요.

1 정확하게 따라 읽어요.
2 속도에 맞춰 따라 읽어요.
3 자연스럽게 따라 읽어요.

3단계
다시 읽어봐요.

다시 소리 내어 읽고, 걸린 시간을 아래 빈칸에 써 보세요.

걸린 시간 분 초

내용을 확인해요

본문에서 읽었던 내용을 떠올리며 아래 문제를 풀어봐요. 정답 ▶ 158쪽

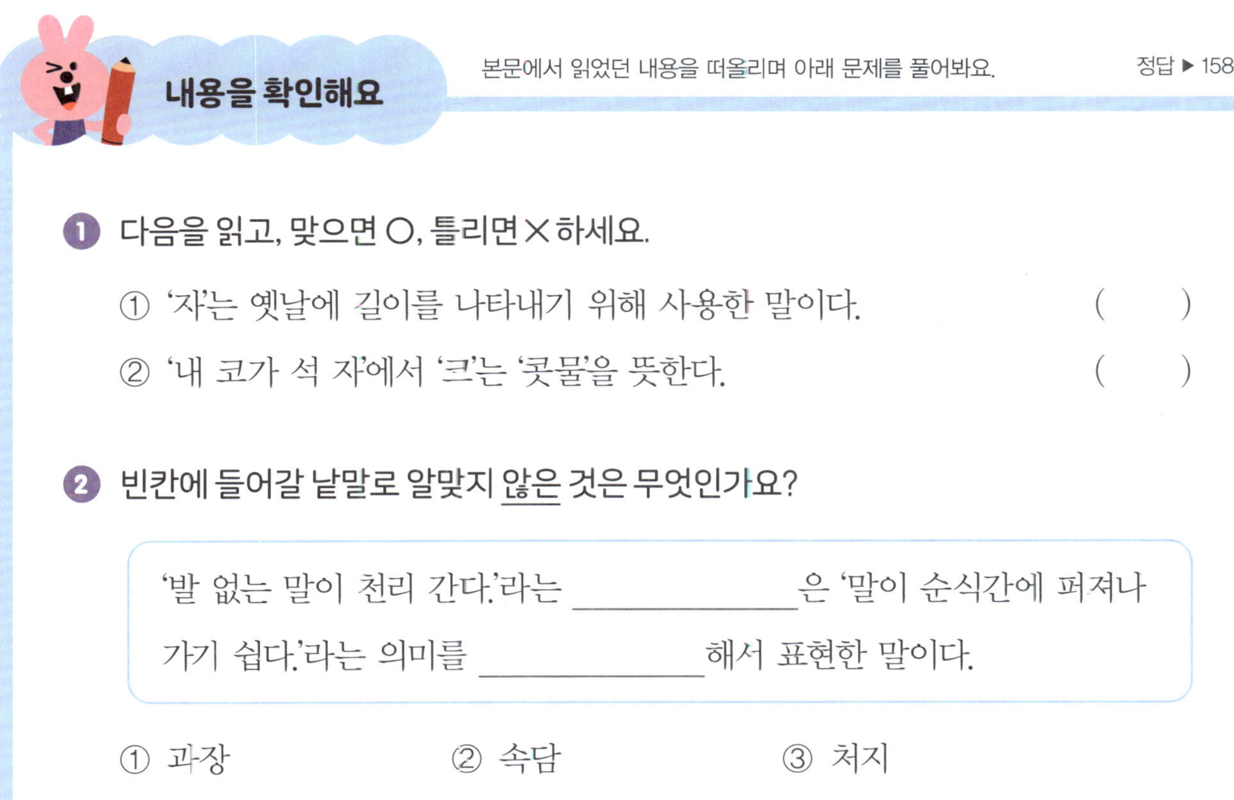

1 다음을 읽고, 맞으면 ○, 틀리면 × 하세요.

① '자'는 옛날에 길이를 나타내기 위해 사용한 말이다. ( )

② '내 코가 석 자'에서 '코'는 '콧물'을 뜻한다. ( )

2 빈칸에 들어갈 낱말로 알맞지 않은 것은 무엇인가요?

'발 없는 말이 천리 간다.'라는 ______________은 '말이 순식간에 퍼져나 가기 쉽다.'라는 의미를 ______________해서 표현한 말이다.

① 과장 ② 속담 ③ 처지

4주차 2일

17

내 몸 안의 자

수학 2학년 1학기 | 4. 길이 재기

- 총 어절 수 68개
- 권장 읽기 시간 45초

아래 글을 소리 내어 읽고, 걸린 시간을 아래 빈칸에 써 보세요.

'열 길 물속은 알아도 한 길 사람 속은 모른다'라는 속담이 있습니다. 여기서 '길'이란 사람의 키 정도의 길이를 뜻하며 약 3m 정도의 길이를 말합니다. 사람 키의 열 배나 되는 물속은 알 수 있어도 사람의 마음은 알기 어렵다는 뜻입니다.

'아름'은 두 팔을 벌려 껴안은 둘레의 길이로 '아름드리 나무'라는 표현을 쓰기도 합니다.

'뼘'은 엄지손가락과 다른 손가락을 크게 벌렸을 때 사이의 길이를 말합니다. 여러분이 공부하고 있는 책상의 길이가 몇 뼘인지 재어 볼까요?

걸린 시간  분   초

낱말을 익혀요

본문에 수록된 주요 낱말들의 뜻을 익혀요.

1 길

뜻 길이의 단위로서 주로 고유어 수 뒤에 쓰이며, 약 2.4m 또는 3m를 뜻함

예문 폭포의 높이는 열 길은 되어 보인다.

2 아름드리

뜻 둘레가 한 아름이 넘는 것

예문 숲에는 아름드리 나무가 울창하게 자라 있다.

3 재다

뜻 도구나 방법을 써서 길이, 크기, 양 등의 정도를 알아보다

예문 의사 선생님이 동생의 체온을 재고 계신다.

단계별로 연습하기

1단계
올바른 발음을 익혀요.

발음이 어렵거나 헷갈리는 낱말들을 정확하게 읽어요.

① 열 길 [열 낄] ② 물속 [물쏙]
③ 길이를 [기리를] ④ 어렵다는 [어렵따는]
⑤ 껴안은 [껴아는] ⑥ 손가락 [손까락]

2단계
듣고 따라 읽어요.

QR코드에서 들려주는 선생님의 음성을 들으며 읽는 연습을 해요.

1 정확하게 따라 읽어요. 
2 속도에 맞춰 따라 읽어요. 
3 자연스럽게 따라 읽어요. 

3단계
다시 읽어봐요.

다시 소리 내어 읽고, 걸린 시간을 아래 빈칸에 써 보세요.

걸린 시간  분  초

내용을 확인해요

본문에서 읽었던 내용을 떠올리며 아래 문제를 풀어봐요.

정답 ▶ 158쪽

1 재는 사람에 따라 값이 달라지는 단위를 두 개 고르세요.

① 길 ② cm
③ 뼘 ④ 아름

2 길이를 나타내는 낱말에 알맞은 설명을 연결하세요.

① 아름 • • ㉠ 사람의 키 정도의 길이
② 뼘 • • ㉡ 두 팔을 벌려 껴안은 둘레의 길이
③ 길 • • ㉢ 엄지손가락과 다른 손가락을 벌렸을 때 사이의 길이

수학 2학년 1학기 | 5. 분류하기

4주차 3일

18 분류의 연속

- 총 어절 수 74개
- 권장 읽기 시간 45초

아래 글을 소리 내어 읽고, 걸린 시간을 아래 빈칸에 써 보세요.

예리는 오늘 학교에서 분류하기에 대해 배웠습니다. 선생님께서는 여럿을 종류에 따라 나누는 것이 분류라고 설명해 주셨습니다.

수업이 끝나고 도서관에 간 예리는 어린이용 도서와 성인용 도서로 나뉘어져 있는 걸 보았습니다. 전에 왔을 때는 무심히 지나쳤는데 위인전, 동화책, 만화책, 과학책 등으로 분류된 도서가 한눈에 들어왔습니다.

집에 돌아온 예리는 옷을 갈아입기 위해 옷장을 열었습니다. 옷장의 옷은 계절에 따라 나뉘고, 상의와 하의, 속옷과 양말 등 종류에 따라 정리되어 있었습니다. 예리는 '우리의 생활은 분류의 연속이다'라는 선생님의 말씀이 생각나서 미소 지었습니다.

걸린 시간 ( )분 ( )초

낱말을 익혀요

본문에 수록된 주요 낱말들의 뜻을 익혀요.

1 분류하다

뜻 여럿을 종류에 따라서 나누다

예문 나는 분리수거장에서 재활용품을 종류별로 분류했다.

2 무심히

뜻 아무런 생각이나 감정이 없이

예문 매일 다니는 길이라 무심히 지나쳤는데 어느새 꽃이 피어 있었다.

3 연속

뜻 끊이지 않고 계속 이어짐

예문 축구대회에 나간 우리 학교 선수들이 이틀 연속 승리했다.

단계별로 연습하기

1단계
올바른 발음을 익혀요.

발음이 어렵거나 헷갈리는 낱말들을 정확하게 읽어요.

① 분류하기 [불류하기]　② 여럿을 [여러슬]
③ 종류 [종뉴]　④ 갈아입기 [가라입끼]
⑤ 옷장 [옫짱]　⑥ 속옷 [소곧]

2단계
듣고 따라 읽어요.

QR코드에서 들려주는 선생님의 음성을 들으며 읽는 연습을 해요.

1 정확하게 따라 읽어요.

2 속도에 맞춰 따라 읽어요.

3 자연스럽게 따라 읽어요.

3단계
다시 읽어봐요.

다시 소리 내어 읽고, 걸린 시간을 아래 빈칸에 써 보세요.

걸린 시간  분  초

내용을 확인해요

본문에서 읽었던 내용을 떠올리며 아래 문제를 풀어봐요.

정답 ▶ 158쪽

1 <보기>를 참고하여 우리 생활 속에서 분류하기의 예를 찾아 한 가지 쓰세요.

보기: 마트에 냉동식품, 냉장식품으로 분류되어 있음

•

2 빈칸에 알맞은 낱말을 본문에서 찾아 쓰세요.

① 우리나라 양궁 국가대표팀이 두 대회 ☐☐(으)로 금메달을 목에 걸었다.
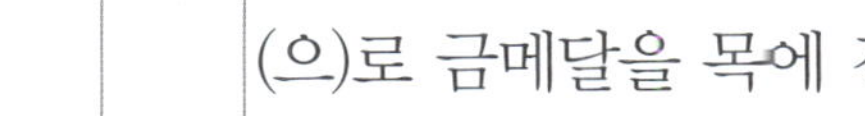

② 여럿을 ☐☐에 따라 나누는 것이 분류이다.

4주차 4일

19 장미꽃 두 그루?

수학 2학년 1학기 | 5. 분류하기

- 총 어절 수 70개
- 권장 읽기 시간 45초

아래 글을 소리 내어 읽고, 걸린 시간을 아래 빈칸에 써 보세요.

엄마가 물건을 사 오셨습니다. 다섯 살배기 가연이는 장바구니 속 물건을 꺼내며 하나씩 세었습니다.

"작은 책 한 통, 장미꽃 두 그루, 옷 세 켤레, 김밥 다섯 마리!"

엄마가 웃으며 말씀하셨습니다.

"가연아, 책은 한 권이라고 세는 거야. 꽃은 한 송이, 두 송이라고 해. 옷은 세 벌이라고 말하고, 김밥은 한 줄, 두 줄, 이렇게 말한단다."

"이제 알겠어요! 책 한 권, 장미꽃 두 송이, 옷은 세 벌, 김밥은 다섯 줄! 맞죠?"

"그렇지! 아주 잘했어!"

걸린 시간  분   초

낱말을 익혀요

본문에 수록된 주요 낱말들의 뜻을 익혀요.

❶ -배기

뜻 '그 나이를 먹은 아이'의 뜻을 더하는 말

예문 나에게는 여섯 살배기 남동생이 있다.

❷ 송이

뜻 따로따로 달린 한 덩이의 꽃이나 열매 등을 세는 단위

예문 아저씨는 잘 익은 포도 한 송이를 따 주셨다.

❸ 줄

뜻 길게 늘어서 있는 사람이나 물건을 세는 단위

예문 소풍날 아침 엄마는 김밥 열 줄을 만드셨다.

단계별로 연습하기

1단계
올바른 발음을 익혀요.

발음이 어렵거나 헷갈리는 낱말들을 정확하게 읽어요.

① 김밥 [김밥/김빱] ② 다섯 마리 [다선 마리]
③ 웃으며 [우스며] ④ 책은 [채근]
⑤ 다섯 줄 [다섣 쭐] ⑥ 맞죠 [맏쪼]

2단계
듣고 따라 읽어요.

QR코드에서 들려주는 선생님의 음성을 들으며 읽는 연습을 해요.

1 정확하게 따라 읽어요. 
2 속도에 맞춰 따라 읽어요. 
3 자연스럽게 따라 읽어요. 

3단계
다시 읽어봐요.

다시 소리 내어 읽고, 걸린 시간을 아래 빈칸에 써 보세요.

걸린 시간  분  초

내용을 확인해요

본문에서 읽었던 내용을 떠올리며 아래 문제를 풀어봐요.

정답 ▶ 158쪽

1 <보기>에서 알맞은 낱말을 골라 문장을 완성하세요.

보기	마리	그루	송이	벌

① 우리 이모는 고양이 두 ____________ 와/과 함께 산다.

② 아빠께서 내가 좋아하는 캐릭터가 그려진 옷 한 ____________ 을/를 사 주셨다.

③ 할머니께서 좋아하시는 백합꽃 두 ____________ 을/를 준비했다.

4주차 5일

20

맛있는 우리말

수학 2학년 1학기 | 6. 곱셈

- 총 어절 수 73개
- 권장 읽기 시간 45초

아래 글을 소리 내어 읽고, 걸린 시간을 아래 빈칸에 써 보세요.

물건의 종류에 따라 묶는 개수도 다르고 부르는 우리말도 달라진다는 사실을 알고 있나요?

고등어 '한 손'은 두 마리입니다. 손으로 쉽게 들 수 있어서 이렇게 부른답니다. 두부는 네모난 덩어리로 만들어집니다. 그래서 두부 한 덩어리를 '한 모'라고 합니다. 대파나 열무는 여러 개를 모아 한 묶음으로 만든 것을 '한 단'이라고 부릅니다. 통마늘을 100개 묶어 놓은 것은 '한 접', 바다에서 나는 김을 100장 묶은 것은 '한 톳'이라고 합니다.

이렇게 물건마다 특별하게 세는 방법이 있습니다. 모두 우리나라의 맛있는 말들이지요!

걸린 시간 ( )분 ( )초

낱말을 익혀요

본문에 수록된 주요 낱말들의 뜻을 익혀요.

1 종류

뜻 어떤 기준에 따라 여러 가지로 나눈 갈래

예문 봄이 되면 다양한 종류의 꽃들이 피어납니다.

2 묶음

뜻 여럿을 한데 모아서 묶어 놓은 덩이를 세는 단위

예문 마트에서 바나나 한 묶음을 샀다.

3 통마늘

뜻 쪼개지 않은 통째로의 마늘

예문 통마늘 한 개를 까면 여러 개의 마늘쪽이 나온다.

단계별로 연습하기

1단계
올바른 발음을 익혀요.

발음이 어렵거나 헷갈리는 낱말들을 정확하게 읽어요.

① 묶는 [뭉는]
② 있나요 [인나요]
③ 묶음 [무끔]
④ 부릅니다 [부름니다]
⑤ 100개 [백깨]
⑥ 놓은 [노은]

2단계
듣고 따라 읽어요.

QR코드에서 들려주는 선생님의 음성을 들으며 읽는 연습을 해요.

1 정확하게 따라 읽어요.

2 속도에 맞춰 따라 읽어요.

3 자연스럽게 따라 읽어요.

3단계
다시 읽어봐요.

다시 소리 내어 읽고, 걸린 시간을 아래 빈칸에 써 보세요.

걸린 시간  분  초

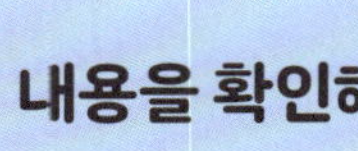

내용을 확인해요

본문에서 읽었던 내용을 떠올리며 아래 문제를 풀어봐요.

정답 ▶ 158쪽

1 그림과 세는 단위를 바르게 연결하세요.

① 

② 

③ 

㉠ 모　　㉡ 손　　㉢ 톳

2장 <수학> 마무리 활동

정답 ▶ 158쪽

1 2장에서 배운 내용을 생각하며, 아래의 낱말을 정확하게 읽어봐요.

❶ 일상생활	❷ 꽂을
❸ 이렇게	❹ 90보다
❺ 앞자리	❻ 여덟
❼ 정사각형	❽ 않도록
❾ 내어놓고	❿ 낮과
⓫ 옮기거나	⓬ 덕분에
⓭ 북극곰	⓮ 덮인
⓯ 진흙이	⓰ 속담
⓱ 콧물	⓲ 옛말
⓳ 물속	⓴ 어렵다는
㉑ 손가락	㉒ 분류하기
㉓ 종류	㉔ 옷장
㉕ 김밥	㉖ 다섯 마리
㉗ 웃으며	㉘ 묶는
㉙ 묶음	㉚ 놓은

2 다음을 읽고, 맞으면 ○, 틀리면 ×하세요.

12과 ① 99보다 1만큼 더 큰 수는 100이다. (　　)

13과 ② 놀이판이 일곱 개의 조각으로 이루어져 '칠교'라고 한다. (　　)

15과 ③ 펭귄은 북극의 얼음 위에서 살아간다. (　　)

17과 ④ '아름'은 두 팔을 벌려 껴안은 둘레의 길이이다. (　　)

20과 ⑤ 통마늘을 100개 묶어 놓은 것을 '한 톳'이라고 한다. (　　)

3 <보기>에서 알맞은 낱말을 골라 빈칸에 쓰세요.

보기

원　그루　분류　송이　코　일상

11과 ① 특별한 일이 없는 보통 때의 생활을 [　　] 생활이라고 한다.

14과 ② 지구와 바퀴는 [　　] 모양이다.

16과 ③ '내 [　　] 이/가 석 자'는 내 사정이 급하고 어렵다는 뜻의 속담이다.

18과 ④ 옷장에는 긴 옷과 짧은 옷이 종류에 따라 [　　] 되어 있다.

19과 ⑤ 탁자 위 꽃병에 장미 한 [　　] 이/가 꽂혀 있다.

3장

통합 | 나

5주차 1일

21 나는 누구일까요?

- 총 어절 수 72개
- 권장 읽기 시간 45초

아래 글을 소리 내어 읽고, 걸린 시간을 아래 빈칸에 써 보세요.

나의 작은 몸은 부드러운 회색 털로 덮여 있고, 둥근 얼굴과 큰 귀가 특징이에요. 주로 유칼립투스 나무에서 살고, 그 나무의 잎을 먹어요. 나는 하루 대부분을 자고, 밤에 활동하는 야행성이에요. 그래서 낮에는 나무 위에서 잠을 자고, 밤에는 나무를 타고 움직여요. 느리게 움직이지만, 나무에서 떨어지지 않도록 나무를 아주 잘 타는 능력이 있어요. 너무 더운 날씨나 추운 날씨를 잘 견디지 못해요. 나는 호주의 상징적인 동물로, 많은 사람들이 나를 사랑하고 보호하려고 노력하고 있어요.

나는 누구일까요? 바로 코알라랍니다.

걸린 시간 ( )분 ( )초

낱말을 익혀요

본문에 수록된 주요 낱말들의 뜻을 익혀요.

❶ 특징

- 뜻: 다른 것에 비해 특별히 달라 눈에 띄는 점
- 예문: 우리 집 강아지는 곱슬곱슬한 털이 많고 눈이 까만 게 특징입니다.

❷ 유칼립투스

- 뜻: 호주의 고무나무
- 예문: 유칼립투스 오일은 약으로도 쓰입니다.

❸ 야행성

- 뜻: 낮에는 쉬고 밤에 활동하는 동물의 습성
- 예문: 박쥐와 부엉이는 야행성이다.

단계별로 연습하기

1단계

올바른 발음을 익혀요.

발음이 어렵거나 헷갈리는 낱말들을 정확하게 읽어요.

① 덮여 [더펴] ② 잎을 [이플]
③ 활동 [활똥] ④ 야행성 [야행썽]
⑤ 낮에는 [나제는] ⑥ 노력하고 [노려카고]

2단계

듣고 따라 읽어요.

QR코드에서 들려주는 선생님의 음성을 들으며 읽는 연습을 해요.

1 정확하게 따라 읽어요.

2 속도에 맞춰 따라 읽어요.

3 자연스럽게 따라 읽어요.

3단계

다시 읽어봐요.

다시 소리 내어 읽고, 걸린 시간을 아래 빈칸에 써 보세요.

걸린 시간 분 초

내용을 확인해요

본문에서 읽었던 내용을 떠올리며 아래 문제를 풀어봐요.

정답 ▶ 159쪽

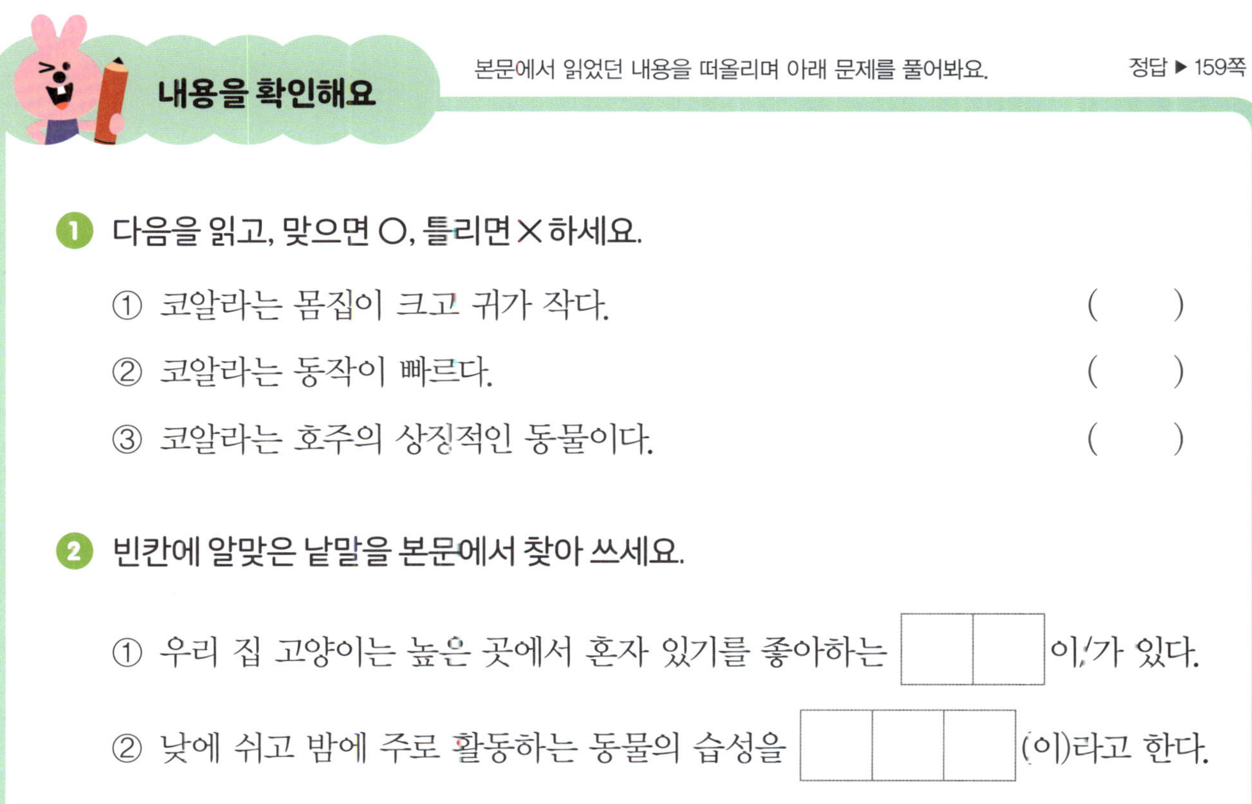

1 다음을 읽고, 맞으면 ○, 틀리면 ✕ 하세요.

① 코알라는 몸집이 크고 귀가 작다. ( )

② 코알라는 동작이 빠르다. ( )

③ 코알라는 호주의 상징적인 동물이다. ( )

2 빈칸에 알맞은 낱말을 본문에서 찾아 쓰세요.

① 우리 집 고양이는 높은 곳에서 혼자 있기를 좋아하는 □□ 이/가 있다.

② 낮에 쉬고 밤에 주로 활동하는 동물의 습성을 □□□ (이)라고 한다.

5주차 2일

22 나의 보물 1호

• 총 어절 수 71개
• 권장 읽기 시간 45초

아래 글을 소리 내어 읽고, 걸린 시간을 아래 빈칸에 써 보세요.

나는 장난감 조립을 좋아합니다. 그중에서 공룡 플라모델 장난감들은 나의 보물 1호입니다. 공룡 그림책을 많이 보는 나에게 엄마께서 선물로 사주셨습니다. 이 모형들을 정성 들여 완성하고 나면 진짜 공룡처럼 다리가 움직이고, 입도 열리고 닫힙니다.

그래서 나는 매일 공룡 모형을 가지고 놉니다. 공룡의 이름을 외치며 놀이를 하기도 하고, 상상 속에서 공룡들이 싸우는 이야기를 만들기도 합니다. 공룡은 종류가 매우 다양한데, 나는 그중에서도 아주 강하고 멋있는 티라노사우루스를 제일 좋아합니다. 나에게 이 공룡 모형들은 소중하고 특별한 친구들입니다.

걸린 시간  분 초

낱말을 익혀요

본문에 수록된 주요 낱말들의 뜻을 익혀요.

1 플라모델
- 뜻: 플라스틱 부품을 조립하여 만드는 모형 또는 그 세트
- 예문: 우리 집의 장식장에는 자동차 플라모델이 많습니다.

2 다양하다
- 뜻: 종류가 여러 가지로 많다
- 예문: 우리 반 친구들이 좋아하는 간식은 빵, 고구마, 치킨, 과자 등 다양하다.

3 티라노사우루스
- 뜻: 지상에 존재했던 공룡 중 가장 강했다고 전해지는 육식 공룡
- 예문: 티라노사우루스는 몸의 길이가 15미터 정도이고 무게는 7톤 정도였다.

단계별로 연습하기

1단계
올바른 발음을 익혀요.

발음이 어렵거나 헷갈리는 낱말들을 정확하게 읽어요.

① 조립을 [조리블] ② 들여 [드려]
③ 움직이고 [움지기고] ④ 닫힙니다 [다칩니다]
⑤ 놀이를 [노리를] ⑥ 멋있어서 [머디써서/머시써서]

2단계
듣고 따라 읽어요.

QR코드에서 들려주는 선생님의 음성을 들으며 읽는 연습을 해요.

1 정확하게 따라 읽어요.
2 속도에 맞춰 따라 읽어요. 
3 자연스럽게 따라 읽어요. 

3단계
다시 읽어봐요.

다시 소리 내어 읽고, 걸린 시간을 아래 빈칸에 써 보세요.

걸린 시간  분  초

내용을 확인해요

본문에서 읽었던 내용을 떠올리며 아래 문제를 풀어봐요.

정답 ▶ 159쪽

1 글쓴이가 좋아하는 것이 아닌 것은 무엇인가요?

① 공룡 모형 ② 공룡 그림책
③ 장난감 조립 ④ 자동차 모형

2 빈칸에 알맞은 낱말을 본문에서 찾아 쓰세요.

우리 반 친구들의 성은 김씨, 이씨, 최씨, 박씨, 윤씨 등  하다.

3 내가 가장 좋아하고 아끼는 보물 1호는 무엇인지 쓰세요.

5주차 3일

23 우리 몸의 다섯 가지 감각

나 2학년 1학기 | • 급식 탐험대

- 총 어절 수 71개
- 권장 읽기 시간 45초

아래 글을 소리 내어 읽고, 걸린 시간을 아래 빈칸에 써 보세요.

우리 몸에는 대표적으로 다섯 가지 감각이 있습니다. 이것을 '오감'이라고 합니다. 학교생활 중에서 우리의 오감이 가장 활발히 느껴지는 때는 바로 급식 시간입니다.

시각은 눈으로 색깔이나 모양을 알아보는 감각이고, 청각은 귀를 통해 소리를 듣는 감각입니다. 촉각은 피부로 만지고 느끼는 감각이며, 미각은 우리 입안의 혀를 통해 맛을 느끼는 감각입니다. 후각은 코로 냄새를 맡는 감각이랍니다.

오감을 통해 우리는 많은 것을 느끼고 경험하며 배웁니다. 그 덕분에 우리는 세상과 소통하고, 세상을 더 잘 이해할 수 있게 된답니다.

걸린 시간   분  초

낱말을 익혀요

본문에 수록된 주요 낱말들의 뜻을 익혀요.

1 감각

- 뜻: 눈, 코, 귀, 혀, 피부를 통하여 자극을 느낌
- 예문: 장갑을 꼈더니 손의 감각이 둔해졌다.

2 소통

- 뜻: 오해가 없도록 뜻이나 생각이 서로 잘 통함
- 예문: 외국인 친구와 나는 언어는 달랐지만 소통에는 문제가 없었다.

3 역할

- 뜻: 맡은 일 또는 해야 하는 일
- 예문: 우리 모둠에서 나의 역할은 발표자이다.

단계별로 연습하기

1단계
올바른 발음을 익혀요.

발음이 어렵거나 헷갈리는 낱말들을 정확하게 읽어요.

① 급식 [급씩] ② 듣는 [든는]
③ 촉각 [촉깍] ④ 맡는 [만는]
⑤ 것을 [거슬] ⑥ 배웁니다 [배움니다]

2단계
듣고 따라 읽어요.

QR코드에서 들려주는 선생님의 음성을 들으며 읽는 연습을 해요.

1 정확하게 따라 읽어요. 

2 속도에 맞춰 따라 읽어요. 

3 자연스럽게 따라 읽어요. 

3단계
다시 읽어봐요.

다시 소리 내어 읽고, 걸린 시간을 아래 빈칸에 써 보세요.

걸린 시간  분 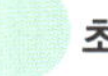 초

내용을 확인해요

본문에서 읽었던 내용을 떠올리며 아래 문제를 풀어봐요.

정답 ▶ 159쪽

1 서로 관련된 감각과 신체 기관을 바르게 연결하세요.

① 시각 • • ㉠ 피부
② 촉각 • • ㉡ 혀
③ 미각 • • ㉢ 눈

2 빈칸에 알맞은 낱말을 본문에서 찾아 쓰세요.

우리 집 강아지는 ☐☐ 이/가 발달해서 냄새를 잘 맡는다.

5주차 4일

24 어느 병원으로 갈까요?

나 2학년 1학기 | • 몸이 아파요

- 총 어절 수 74개
- 권장 읽기 시간 45초

아래 글을 소리 내어 읽고, 걸린 시간을 아래 빈칸에 써 보세요.

아픈 곳에 따라 가야 하는 병원이 다르다는 것을 알고 있나요?

어린이들이 예방 접종을 받을 때나 열이 나고 아플 때는 소아청소년과에 갑니다. 팔이나 다리의 뼈를 다쳤을 때는 정형외과, 충치가 생겼거나 이가 아플 때는 치과에서 치료를 받습니다.

눈이 아프거나 시력이 나빠졌을 때, 혹은 눈에 뭔가 문제가 생겼을 때는 안과에 갑니다. 귀가 아프거나 코가 막히고 목이 아플 때는 이비인후과에 가서 치료를 받으면 됩니다.

이렇게 각 병원은 서로 다른 치료를 해주므로, 아픈 부위에 맞는 병원을 찾는 것이 중요합니다.

걸린 시간  분   초

낱말을 익혀요

본문에 수록된 주요 낱말들의 뜻을 익혀요.

1 예방 접종
- 뜻: 전염병을 미리 막기 위해 주사를 맞아 면역성이 생기게 하는 일
- 예문: 겨울이 되면 우리 가족은 독감 예방 접종을 한다.

2 충치
- 뜻: 세균이 갉아 먹어 상하게 된 이
- 예문: 내 동생은 어금니에 충치가 생겼다.

3 시력
- 뜻: 물체를 볼 수 있는 눈의 능력
- 예문: 나는 시력이 나빠져서 안경을 써야 한다.

단계별로 연습하기

1단계
올바른 발음을 익혀요.

발음이 어렵거나 헷갈리는 낱말들을 정확하게 읽어요.

① 어린이 [어리니]
② 접종 [접쫑]
③ 받을 [바들]
④ 정형외과 [정형외꽈]
⑤ 막히고 [마키고]
⑥ 맞는 [만는]

2단계
듣고 따라 읽어요.

QR코드에서 들려주는 선생님의 음성을 들으며 읽는 연습을 해요.

1 정확하게 따라 읽어요.

2 속도에 맞춰 따라 읽어요.

3 자연스럽게 따라 읽어요.

3단계
다시 읽어봐요.

다시 소리 내어 읽고, 걸린 시간을 아래 빈칸에 써 보세요.

걸린 시간  분  초

내용을 확인해요

본문에서 읽었던 내용을 떠올리며 아래 문제를 풀어봐요.

정답 ▶ 159쪽

1 아래 그림 속 친구가 가야 하는 병원은 어디인가요?

① 치과
② 안과
③ 정형외과
④ 이비인후과

2 빈칸에 알맞은 낱말을 본문에서 찾아 쓰세요.

눈이 빨갛고 간지러워서  에서 치료를 받았다.

나 2학년 1학기 | • 깨끗한 몸, 건강한 나

5주차 5일

25

치카치카! 올바른 이 닦기

• 총 어절 수 72개
• 권장 읽기 시간 45초

아래 글을 소리 내어 읽고, 걸린 시간을 아래 빈칸에 써 보세요.

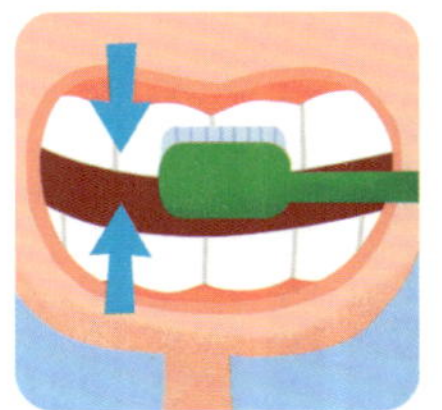
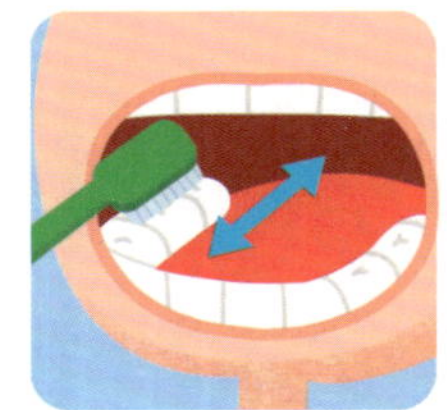
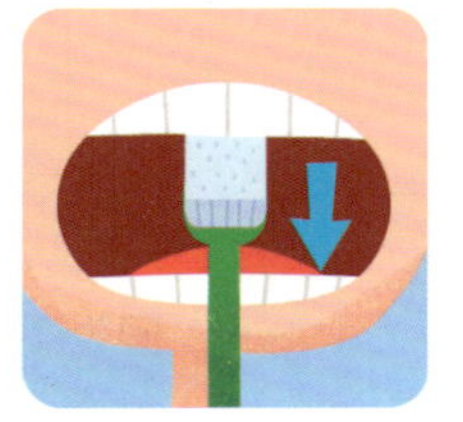
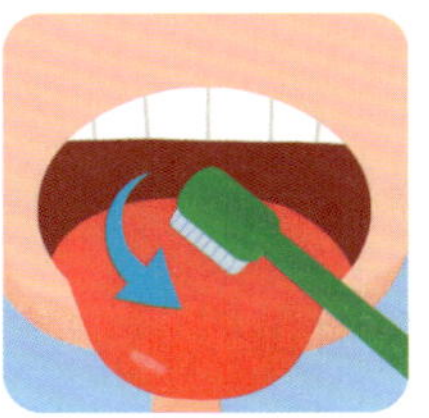

올바른 양치질은 우리 치아 건강에 매우 중요합니다.

칫솔모가 너무 강하면 잇몸을 상하게 할 수도 있으니 부드러운 모의 칫솔을 사용합니다. 치약은 적당한 양만 짜서 쓰고 치아와 잇몸 사이를 부드럽게 문지릅니다. 너무 세게 닦지 말고, 부드럽게 닦는 것이 중요합니다. 앞니는 위에서 아래로, 어금니는 앞뒤로 닦습니다. 치아 사이에 끼인 음식물을 깨끗이 닦아야 하므로 치아 사이를 꼼꼼하게 닦고, 혀도 부드럽게 닦아야 합니다. 양치질은 최소 하루 두 번, 3분 정도 충분히 닦아야 건강한 치아를 유지할 수 있습니다.

걸린 시간  분   초

낱말을 익혀요

본문에 수록된 주요 낱말들의 뜻을 익혀요.

❶ 양치질

뜻 이를 닦고 물로 입안을 씻어 내는 일

예문 치과 의사들은 음식을 먹은 후에 항상 양치질을 하라고 말한다.

❷ 칫솔모

뜻 칫솔의 머리 부분에 촘촘하게 박혀 있는 털

예문 칫솔모가 옆으로 벌어져 퍼진 것처럼 보이면 교체하라는 신호이다.

❸ 잇몸

뜻 이뿌리를 둘러싸고 있는 단단한 살

예문 나는 잘못된 칫솔질 때문에 잇몸이 붓고 피가 났다.

단계별로 연습하기

1단계
올바른 발음을 익혀요.

발음이 어렵거나 헷갈리는 낱말들을 정확하게 읽어요.

① 칫솔모 [치쏠모/칟쏠모]
② 잇몸 [인몸]
③ 적당한 [적땅한]
④ 닦지 [닥찌]
⑤ 닦는 [당는]
⑥ 닦아야 [다까야]

2단계
듣고 따라 읽어요.

QR코드에서 들려주는 선생님의 음성을 들으며 읽는 연습을 해요.

1 정확하게 따라 읽어요. 

2 속도에 맞춰 따라 읽어요. 

3 자연스럽게 따라 읽어요. 

3단계
다시 읽어봐요.

다시 소리 내어 읽고, 걸린 시간을 아래 빈칸에 써 보세요.

걸린 시간  분 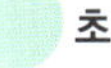 초

내용을 확인해요

본문에서 읽었던 내용을 떠올리며 아래 문제를 풀어봐요.

정답 ▶ 159쪽

1 다음을 읽고, 맞으면 ○, 틀리면 ✕ 하세요.

① 강한 칫솔모를 사용하면 이를 깨끗이 닦을 수 있다. (　　)

② 치아는 너무 세게 닦지 않고 부드럽게 닦는다. (　　)

③ 양치질을 할 때 혀는 닦지 않는다. (　　)

2 빈칸에 공통으로 들어갈 알맞은 낱말을 본문에서 찾아 쓰세요.

[　][　] 사이에 끼인 음식물을 깨끗이 닦아야 하므로 [　][　] 사이를 꼼꼼하게 닦는다.

6주차 1일

26 나의 마음을 표현해요

• 총 어절 수 75개
• 권장 읽기 시간 45초

아래 글을 소리 내어 읽고, 걸린 시간을 아래 빈칸에 써 보세요.

내가 느끼는 감정을 잘 표현하면 기분이 좋아지고, 다른 사람과 더 잘 소통할 수 있습니다. 나의 기분을 솔직하게 이야기하면 다른 사람이 내 마음을 쉽게 이해할 수 있습니다. 감정이 너무 강할 때 급하게 말하거나 큰 소리로 외치면 상대방이 놀랄 수 있으니, 감정을 차분하게 말하는 게 중요합니다.

또, 다른 사람의 감정도 존중해야 합니다. 내가 기분이 좋거나 나쁠 때 상대방의 기분은 어떨지도 함께 생각해야 합니다.

이렇게 감정을 올바르게 전하고 서로의 마음을 존중하면, 우리 모두 즐겁게 어울리며 살아갈 수 있습니다.

걸린 시간 ( )분 ( )초

낱말을 익혀요

본문에 수록된 주요 낱말들의 뜻을 익혀요.

1 감정

뜻 일이나 대상에 대하여 마음에 일어나는 느낌이나 기분

예문 내 동생은 감정이 풍부해서 작은 일에도 잘 웃고 또 잘 운다.

2 차분하다

뜻 마음이 가라앉아 조용하다

예문 흥분한 다른 아이들과 달리 지수는 차분하게 이야기를 해 나갔다.

3 존중

뜻 의견이나 사람을 높이어 귀중하게 여김

예문 나와 다른 친구의 의견도 존중해야 한다.

단계별로 연습하기

1단계
올바른 발음을 익혀요.

발음이 어렵거나 헷갈리는 낱말들을 정확하게 읽어요.

① 기분이 [기부니]　② 좋아지고 [조아지고]
③ 솔직하게 [솔찌카게]　④ 좋거나 [조커나]
⑤ 어떻지도 [어떨찌도]　⑥ 생각해야 [생가캐야]

2단계
듣고 따라 읽어요.

QR코드에서 들려주는 선생님의 음성을 들으며 읽는 연습을 해요.

1 정확하게 따라 읽어요.

2 속도게 맞춰 따라 읽어요.

3 자연스럽게 따라 읽어요.

3단계
다시 읽어봐요.

다시 소리 내어 읽고, 걸린 시간을 아래 빈칸에 써 보세요.

걸린 시간  분  초

내용을 확인해요

본문에서 읽었던 내용을 떠올리며 아래 문제를 풀어봐요.

정답 ▶ 159쪽

1 다음을 읽고, 맞으면 ○, 틀리면 ✕ 하세요.

① 내 기분을 솔직하게 말할 때는 큰 소리로 강하게 이야기한다. (　　)

② 내가 기분이 나쁠 때는 상대방의 기분을 생각하지 않아도 된다. (　　)

2 <보기>에서 알맞은 낱말을 골라 문장을 완성하세요.

보기	존중	차분	소통

① 감정을 잘 표현하면 다른 사람과 더 잘 __________ 할 수 있다.

② 내 기분뿐만 아니라 다른 사람의 감정도 __________ 해야 한다.

6주차 2일

27

윤호의 일기

나 2학년 1학기 | • 번개 달리기

• 총 어절 수 70개
• 권장 읽기 시간 45초

아래 글을 소리 내어 읽고, 걸린 시간을 아래 빈칸에 써 보세요.
(부분은 소리 내어 읽지 않습니다.)

2025년 8월 29일, 금요일, 날씨: 맑음

제목: 달리기 시합

학교 체육 시간에 친구들과 달리기 시합을 했다. 나는 조금 긴장했지만, 끝까지 열심히 달리기로 마음먹었다. 시합이 시작되자, 친구들 모두 빠르게 달리기 시작했다. 처음에는 친구들이 모두 빠르게 앞서갔지만, 나는 천천히 숨을 고르며 달렸다. 중간쯤 가서 앞에 있던 친구 한 명을 따라잡았다. 결승선이 보일 때는 힘을 내어 더 빠르게 달려서 결국 3등을 했다. 힘껏 달리고 나니 숨이 찼지만 기분은 좋았다. 친구들이랑 함께 시합하니 정말 재미있었다.

다음에는 더 열심히 달려서 1등에 도전해 보고 싶다.

걸린 시간 ( )분 ( )초

낱말을 익혀요

본문에 수록된 주요 낱말들의 뜻을 익혀요.

① 시합

뜻 운동 등의 경기에서 서로 실력을 발휘하여 승부를 겨룸

예문 오늘은 대한민국과 일본의 축구 시합이 있는 날이다.

② 긴장

뜻 마음을 놓지 않고 정신을 바짝 차림

예문 시험을 볼 때는 긴장하게 된다.

③ 도전

뜻 가치 있는 것이나 목표한 것을 얻기 위해 어려움에 맞섬

예문 나는 오늘 처음으로 자전거 타기에 도전해 보기로 했다.

단계별로 연습하기

1단계
올바른 발음을 익혀요.

발음이 어렵거나 헷갈리는 낱말들을 정확하게 읽어요.

① 시합을 [시하블]　② 시작되자 [시작뙤자/시작뛔자]
③ 앞서갔지만 [압써가찌만]　④ 결승선 [결씅선]
⑤ 힘껏 [힘껃]　⑥ 1등 [일뜽]

2단계
듣고 따라 읽어요.

QR코드에서 들려주는 선생님의 음성을 들으며 읽는 연습을 해요.

1 정확하게 따라 읽어요. 

2 속도에 맞춰 따라 읽어요. 

3 자연스럽게 따라 읽어요. 

3단계
다시 읽어봐요.

다시 소리 내어 읽고, 걸린 시간을 아래 빈칸에 써 보세요.

걸린 시간 분 초

내용을 확인해요

본문에서 읽었던 내용을 떠올리며 아래 문제를 풀어봐요.

정답 ▶ 159쪽

1 일기에 들어가는 내용이 아닌 것은 무엇인가요?

① 날짜　② 날씨
③ 나의 생각　④ 받는 사람

2 빈칸에 공통으로 들어갈 낱말을 본문에서 찾아 쓰세요.

- 내일은 좀 더 먼 거리 멀리뛰기에 ________해야겠다.
- 물이 조금 무서웠지만 수영 배우기에 ________해 보기로 했다.

(　　　　　　)

6주차 3일

28 내 동생

• 총 어절 수 54개
• 권장 읽기 시간 45초

아래 글을 소리 내어 읽고, 걸린 시간을 아래 빈칸에 써 보세요.
(제목은 소리 내어 읽지 않습니다.)

〈내 동생〉

내 동생은 작은 바람,
살랑살랑 내 옆을 지나가요.
작은 발자국 남기며
세상을 조금씩 알아가요.

웃으면 하늘이 밝아지고,
울면 비가 내려요.
하지만 언제나 곁에 있어,
내 마음을 따뜻하게 해요.

내 동생은 작은 햇살,
따뜻한 손길로 나를 안아요.
매일매일 함께 웃으며
세상을 조금씩 배워가요.

작은 목소리로 이야기하면,
세상이 더 따뜻해지고,
그 미소는 내 마음을
포근하게 감싸줘요.

걸린 시간 ( )분 ( )초

낱말을 익혀요

본문에 수록된 주요 낱말들의 뜻을 익혀요.

1 살랑살랑
- 뜻: 바람이 가볍게 자꾸 부는 모양
- 예문: 따뜻한 봄바람이 살랑살랑 불어옵니다.

2 곁
- 뜻: 어떤 대상의 바로 옆 또는 아주 가까운 곳
- 예문: 선생님은 아이들 곁에서 글씨 쓰는 것을 도와주셨다.

3 포근하다
- 뜻: 느낌이나 분위기가 보드랍고 따뜻하여 편안하다
- 예문: 울던 아기는 포근한 어머니의 품에 안겨 잠들었다.

단계별로 연습하기

1단계
올바른 발음을 익혀요.

발음이 어렵거나 헷갈리는 낱말들을 정확하게 읽어요.

① 옆을 [여플] ② 발자국 [발짜국]
③ 밝아지고 [발가지고] ④ 곁에 [겨테]
⑤ 손길 [손낄] ⑥ 안아요 [아나요]

2단계
듣고 따라 읽어요.

QR코드에서 들려주는 선생님의 음성을 들으며 읽는 연습을 해요.

1 정확하게 따라 읽어요.

2 속도에 맞춰 따라 읽어요.

3 자연스럽게 따라 읽어요.

3단계
다시 읽어봐요.

다시 소리 내어 읽고, 걸린 시간을 아래 빈칸에 써 보세요.

걸린 시간  분  초

내용을 확인해요

본문에서 읽었던 내용을 떠올리며 아래 문제를 풀어봐요.

정답 ▶ 159쪽

1 글쓴이가 동생을 비유한 두 가지를 쓰세요.

( ), ( )

2 글쓴이의 동생에 대한 느낌이 아닌 것은 무엇인가요?

① 따뜻함 ② 귀찮음
③ 포근함 ④ 부드러움

3 낱말을 바르게 읽은 것은 무엇인가요?

① 옆을 [여블] ② 밝아지고 [발아지고] ③ 곁에 [겨테]

6주차 4일

29 내 마음의 소리

나 2학년 1학기 | • 화가 잔뜩 났어요

- 총 어절 수 72개
- 권장 읽기 시간 45초

아래 글을 소리 내어 읽고, 걸린 시간을 아래 빈칸에 써 보세요.
(부분은 소리 내어 읽지 않습니다.)

2025년 6월 30일, 월요일, 날씨: 맑음

학교에 가는데 바람이 불어서 기분이 산뜻해졌다. 기분 좋게 학교에 갔는데, 친구가 내 연필을 빌려 쓰다가 잃어버렸다. 그런데도 나한테 사과를 하지 않아 화가 났다. 학교가 끝날 때까지 기분이 좋지 않았다.

하굣길에 외할머니께서 깜짝 마중을 나오셨다. 반갑고 얼떨떨했는데 내가 좋아하는 떡볶이까지 사주셔서 너무 행복했다. 외할머니께서 이번 주에 우리 집에 계속 계신다고 해서 날아갈 것 같았다. 내일은 할머니표 음식을 먹는다고 생각하니 벌써 마음이 설렌다.

오늘은 내 마음에서 여러 소리가 났지만, 신나는 일이 더 많았던 하루였다.

걸린 시간 분 초

낱말을 익혀요

본문에 수록된 주요 낱말들의 뜻을 익혀요.

❶ 산뜻하다

뜻 기분이나 느낌 등이 깨끗하고 시원하다

예문 밀린 숙제를 다 하고 나니 기분이 산뜻해졌다.

❷ 얼떨떨하다

뜻 어떤 일로 당황하거나 여러 가지 일이 복잡하여 어찌할 바를 모르다

예문 내가 피아노대회에서 대상을 타게 되어 얼떨떨했다.

❸ 설레다

뜻 마음이 차분하지 않고 들떠서 두근거리다

예문 내일 캠핑을 가기로 했는데 설레서 잠이 오지 않는다.

단계별로 연습하기

1단계
올바른 발음을 익혀요.

발음이 어렵거나 헷갈리는 낱말들을 정확하게 읽어요.

① 불어서 [부러서] ② 산뜻해졌다 [산뜨태전따]
③ 좋게 [조케] ④ 잃어버렸다 [이러버렫다]
⑤ 좋지 [조치] ⑥ 하굣길 [하교낄/하굗낄]

2단계
듣고 따라 읽어요.

QR코드에서 들려주는 선생님의 음성을 들으며 읽는 연습을 해요.

1 정확하게 따라 읽어요.

2 속도에 맞춰 따라 읽어요. 

3 자연스럽게 따라 읽어요. 

3단계
다시 읽어봐요.

다시 소리 내어 읽고, 걸린 시간을 아래 빈칸에 써 보세요.

걸린 시간  분  초 

내용을 확인해요

본문에서 읽었던 내용을 떠올리며 아래 문제를 풀어봐요. 정답 ▶ 159쪽

1 오늘 하루 동안 글쓴이의 마음의 순서대로 번호를 쓰세요.

① 설레다	② 산뜻하다
③ 화나다	④ 행복하다

(　　→　　→　　→　　)

2 <예>를 참고하여 '얼떨떨하-다'를 넣어 짧은 문장을 쓰세요.

예 너무 갑작스러워서 얼떨떨한 표정으로 친구를 보았다.

•

나 2학년 1학기 | • 바르게 알고 먹어요

6주차 5일

30 어린이를 위한 식생활 지침

• 총 어절 수 75개
• 권장 읽기 시간 45초

아래 글을 소리 내어 읽고, 걸린 시간을 아래 빈칸에 써 보세요.

어린이는 몸이 자라고 뇌도 발달하므로, 균형 잡힌 식사를 해야 합니다.

첫째, 다양한 음식을 골고루 먹습니다.

과일, 채소, 곡물, 단백질 음식(고기, 계란, 두부 등)을 고르게 섞어서 먹는 것이 좋습니다.

둘째, 물을 충분히 마십니다.

물은 우리 몸에 꼭 필요하므로 충분히 마셔야 합니다. 특히 운동 후에는 더욱 필요합니다.

셋째, 간식을 조절합니다.

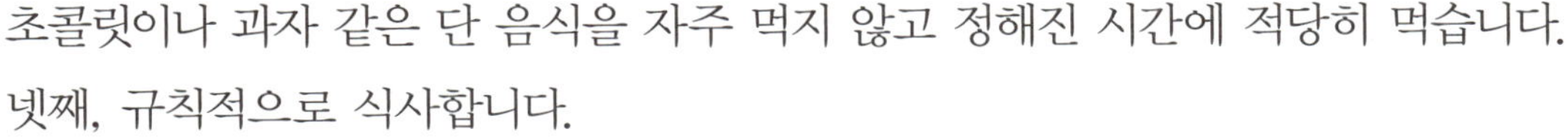

초콜릿이나 과자 같은 단 음식을 자주 먹지 않고 정해진 시간에 적당히 먹습니다.

넷째, 규칙적으로 식사합니다.

아침, 점심, 저녁을 빠짐없이 먹고, 너무 늦은 시간에 먹지 않도록 합니다.

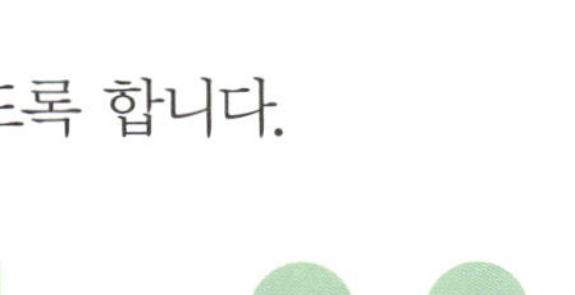

걸린 시간 ( )분 ( )초

낱말을 익혀요

본문에 수록된 주요 낱말들의 뜻을 익혀요.

1 균형

뜻 어느 한쪽으로 기울거나 치우치지 않은 상태

예문 외나무다리 걷기 놀이를 할 때는 균형을 잘 잡아야 한다.

2 곡물

뜻 쌀, 보리, 밀, 옥수수 등 주로 주식으로 쓰이는 먹거리

예문 우리 엄마는 쌀, 보리, 현미 등 여러 곡물을 섞어서 밥을 지으신다.

3 단백질

뜻 생물의 세포를 구성하며 에너지를 공급하는 주요 물질

예문 닭고기, 돼지고기, 소고기에는 단백질이 많이 들어 있다.

단계별로 연습하기

1단계
올바른 발음을 익혀요.

발음이 어렵거나 헷갈리는 낱말들을 정확하게 읽어요.

① 몸이 [모미] ② 잡힌 [자핀]
③ 먹습니다 [먹씁니다] ④ 곡물 [공물]
⑤ 단백질 [단백찔] ⑥ 필요합니다 [피료함니다]

2단계
듣고 따라 읽어요.

QR코드에서 들려주는 선생님의 음성을 들으며 읽는 연습을 해요.

1 정확하게 따라 읽어요.
2 속도에 맞춰 따라 읽어요.
3 자연스럽게 따라 읽어요.

3단계
다시 읽어봐요.

다시 소리 내어 읽고, 걸린 시간을 아래 빈칸에 써 보세요.

걸린 시간 ( ) 분 ( ) 초

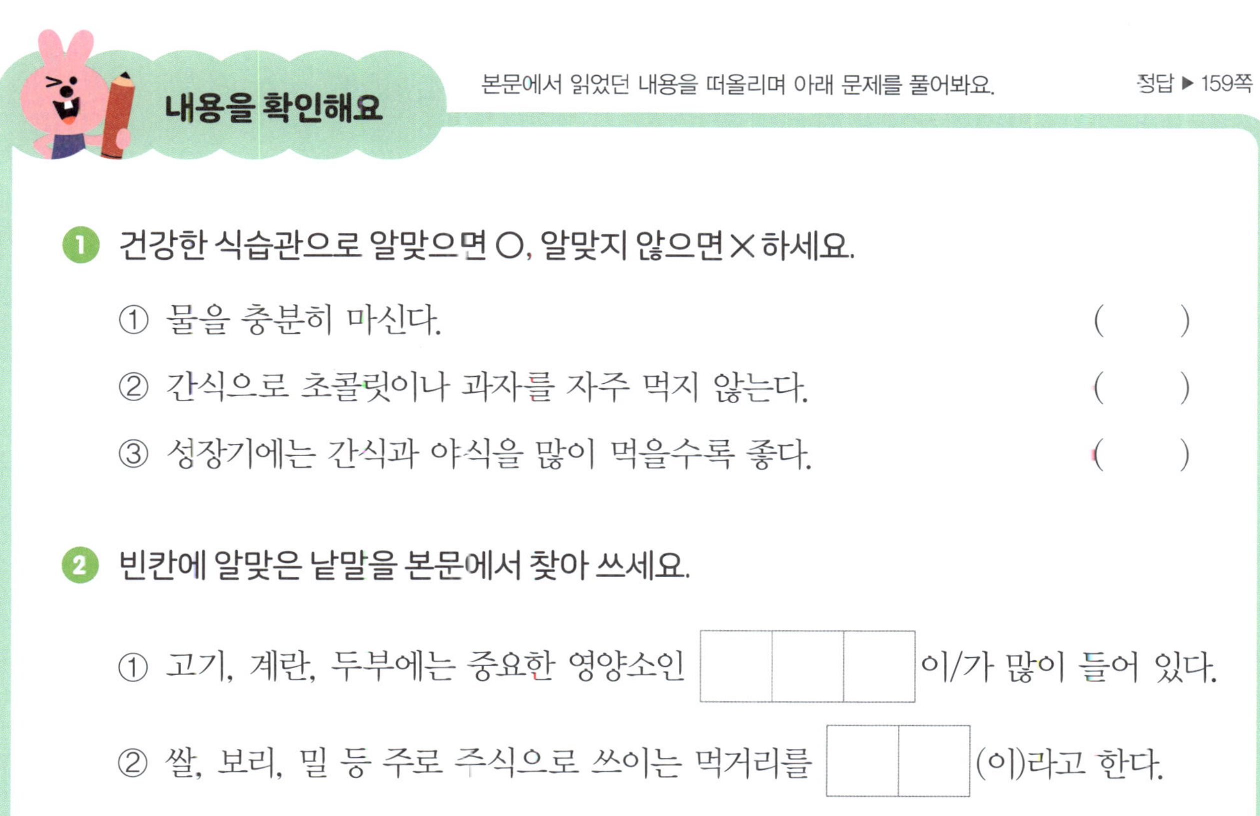

내용을 확인해요

본문에서 읽었던 내용을 떠올리며 아래 문제를 풀어봐요.

정답 ▶ 159쪽

1 건강한 식습관으로 알맞으면 ○, 알맞지 않으면 ✕ 하세요.

① 물을 충분히 마신다. ( )
② 간식으로 초콜릿이나 과자를 자주 먹지 않는다. ( )
③ 성장기에는 간식과 야식을 많이 먹을수록 좋다. ( )

2 빈칸에 알맞은 낱말을 본문에서 찾아 쓰세요.

① 고기, 계란, 두부에는 중요한 영양소인 □□□이/가 많이 들어 있다.
② 쌀, 보리, 밀 등 주로 주식으로 쓰이는 먹거리를 □□(이)라고 한다.

3장 <통합-나> 마무리 활동

정답 ▶ 160쪽

1 3장에서 배운 내용을 생각하며, 아래의 낱말을 정확하게 읽어봐요.

① 덮여	② 잎을
③ 활동	④ 들여
⑤ 닫힙니다	⑥ 멋있어서
⑦ 급식	⑧ 촉각
⑨ 맡는	⑩ 접종
⑪ 정형외과	⑫ 막히고
⑬ 잇몸	⑭ 닦는
⑮ 닦아야	⑯ 솔직하게
⑰ 좋거나	⑱ 생각해야
⑲ 시합을	⑳ 시작되자
㉑ 결승선	㉒ 발자국
㉓ 밝아지고	㉔ 곁에
㉕ 산뜻해졌다	㉖ 좋게
㉗ 하굣길	㉘ 먹습니다
㉙ 곡물	㉚ 필요합니다

2 다음을 읽고, 맞으면 ○, 틀리면 × 하세요.

21과 ① 코알라는 낮에 활동하고 밤에 잘 잔다. (　　　)

23과 ② '미각'은 피부로 만지고 느끼는 감각이다. (　　　)

25과 ③ 양치질을 할 때는 혀도 부드럽게 닦아야 한다. (　　　)

27과 ④ 일기에는 쓴 날짜와 그 날 있었던 일, 나의 생각을 쓴다. (　　　)

30과 ⑤ 어린이는 몸과 뇌가 발달하므로 균형 잡힌 식사를 해야 한다. (　　　)

3 <보기>에서 알맞은 낱말을 골라 빈칸에 쓰세요.

보기

감정　　이비인후과　　살랑살랑　　얼떨떨한　　정형외과　　다양

22과 ① 음악실에는 북, 리듬악기, 피아노 등 [　　　　] 한 악기가 있다.

24과 ② 귀가 아프거나 목이 아프면 [　　　　] 에서 진료를 받는다.

26과 ③ 내 마음에 일어나는 느낌이나 기분을 [　　　　] (이)라고 한다.

28과 ④ 산책길에 바람이 [　　　　] 불어와 기분이 좋았다.

29과 ⑤ 동생은 깜짝 생일파티에 [　　　　] 얼굴로 서 있었다.

4장

통합 | 자연

31	비의 이름
32	식물은 무엇을 먹나요?
33	바다가 아파요
34	땅속이 살아있다!
35	난 네가 필요해!
36	반려동물 입양하기
37	내 말이 들리나요?
38	여러 가지 색을 만들어요
39	황사일까? 미세 먼지일까?
40	소중한 꿀벌

1주차 1일

31

비의 이름

자연 2학년 1학기 | • 오늘은 천천히

- 총 어절 수 72개
- 권장 읽기 시간 45초

아래 글을 소리 내어 읽고, 걸린 시간을 아래 빈칸에 써 보세요.

비의 이름은 내리는 모양이나 특징에 따라 달라요.

가랑비는 작은 방울들이 가늘게 내리는 비를 말해요. '가랑'이라는 단어는 '작고 얇다'라는 뜻이에요. 이슬비는 비가 이슬처럼 가볍고 부드럽게 내리기 때문에 이슬비라고 불러요. '이슬'은 아침에 풀잎에 맺히는 작은 물방울을 말해요. 단비는 오랫동안 비가 오지 않다가 내리면 달콤한 선물처럼 소중한 비라는 뜻이지요. '단'은 '달콤하다'를 나타내요. 잠비는 낮잠 자듯 아주 잠깐 내리다가 멈추는 비를 의미해요. '잠'은 '잠깐'을 뜻하는 말이에요. 장대비는 장대와 같이 강하고 길게 내리는데, '장대'는 '긴 막대'라는 뜻이에요.

낱말을 익혀요

본문에 수록된 주요 낱말들의 뜻을 익혀요.

1 얇다

- 뜻: 두께가 두껍지 않다
- 예문: 겨울옷은 두꺼운데, 여름옷은 얇다.

2 맺히다

- 뜻: 액체가 작은 방울을 지어 매달리다
- 예문: 동생의 눈에 눈물이 맺혔다.

3 의미

- 뜻: 말이나 글, 기호 등이 나타내는 뜻
- 예문: 책을 읽다가 모르는 낱말이 있어서 사전에서 의미를 찾아보았다.

단계별로 연습하기

1단계
올바른 발음을 익혀요.

발음이 어렵거나 헷갈리는 낱말들을 정확하게 읽어요.

① 얇다 [얄따]　② 풀잎에 [풀리페]
③ 맺히는 [매치는]　④ 물방울 [물빵울]
⑤ 낮잠 [낟짬]　⑥ 장대 [장때]

2단계
듣고 따라 읽어요.

QR코드에서 들려주는 선생님의 음성을 들으며 읽는 연습을 해요.

1 정확하게 따라 읽어요. 

2 속도에 맞춰 따라 읽어요. 

3 자연스럽게 따라 읽어요. 

3단계
다시 읽어봐요.

다시 소리 내어 읽고, 걸린 시간을 아래 빈칸에 써 보세요.

걸린 시간  분  초

내용을 확인해요

본문에서 읽었던 내용을 떠올리며 아래 문제를 풀어봐요.　정답 ▶ 160쪽

1 비의 이름과 알맞은 의미를 연결하세요.

① 장대비 •　　• ㉠ 달콤한 선물처럼 소중한 비
② 잠비 •　　• ㉡ 긴 막대처럼 강하고 길게 내리는 비
③ 단비 •　　• ㉢ 아주 잠깐 동안 내리다가 멈추는 비

2 낱말을 바르게 읽은 것은 무엇인가요?

① 얇다 [얍따]　② 풀잎에 [풀리베]
③ 낮잠 [낟짬]　④ 물방울 [물방울]

7주차 2일

32

식물은 무엇을 먹나요?

자연 2학년 1학기 | • 나도 농부야

- 총 어절 수 74개
- 권장 읽기 시간 45초

아래 글을 소리 내어 읽고, 걸린 시간을 아래 빈칸에 써 보세요.

식물이 잘 성장하기 위해서는 필수적으로 흙, 물, 햇빛이 필요합니다.

흙은 식물이 뿌리를 내릴 수 있는 공간이 되어 주고 식물이 자라는 데 필요한 영양분도 담고 있습니다. 때로는 영양분을 더하기 위해 흙에 거름을 주기도 합니다. 물은 영양분을 뿌리에서 위로 전달하며, 식물이 건강하게 자라도록 도와줍니다. 흙에 물을 흠뻑 준 뒤 씨앗을 심으면 더 잘 자랍니다. 햇빛은 식물이 영양분을 만들 수 있는 에너지를 줍니다. 식물은 푸른 잎으로 햇빛을 받아서 영양분을 만들고 새싹의 키를 자라게 하며, 꽃과 열매를 키웁니다.

걸린 시간 ( )분 ( )초

낱말을 익혀요

본문에 수록된 주요 낱말들의 뜻을 익혀요.

1 필수

- 뜻: 꼭 있어야 하거나 해야 함
- 예문: 우리 몸에 꼭 필요한 영양소를 필수 영양소라고 한다.

2 거름

- 뜻: 식물이 잘 자라도록 땅에 뿌리거나 섞는 물질
- 예문: 거름이 썩어 땅에 잘 흡수되면 식물이 더 잘 자란다.

3 흠뻑

- 뜻: 물이 밖으로 스며 나올 정도로 몹시 축축하게 젖은 모양
- 예문: 소나기가 내려 옷이 흠뻑 젖었다.

단계별로 연습하기

1단계
올바른 발음을 익혀요.

발음이 어렵거나 헷갈리는 낱말들을 정확하게 읽어요.

① 식물 [싱물] ② 필수적 [필쑤적]
③ 흙 [흑] ④ 햇빛 [해삗/핻삗]
⑤ 흙에 [흘게] ⑥ 햇빛은 [해삐츤/핻삐츤]

2단계
듣고 따라 읽어요.

QR코드에서 들려주는 선생님의 음성을 들으며 읽는 연습을 해요.

1 정확하게 따라 읽어요.

2 속도에 맞춰 따라 읽어요.

3 자연스럽게 따라 읽어요.

3단계
다시 읽어봐요.

다시 소리 내어 읽고, 걸린 시간을 아래 빈칸에 써 보세요.

걸린 시간 ___ 분 ___ 초

내용을 확인해요

본문에서 읽었던 내용을 떠올리며 아래 문제를 풀어봐요. 정답 ▶ 160쪽

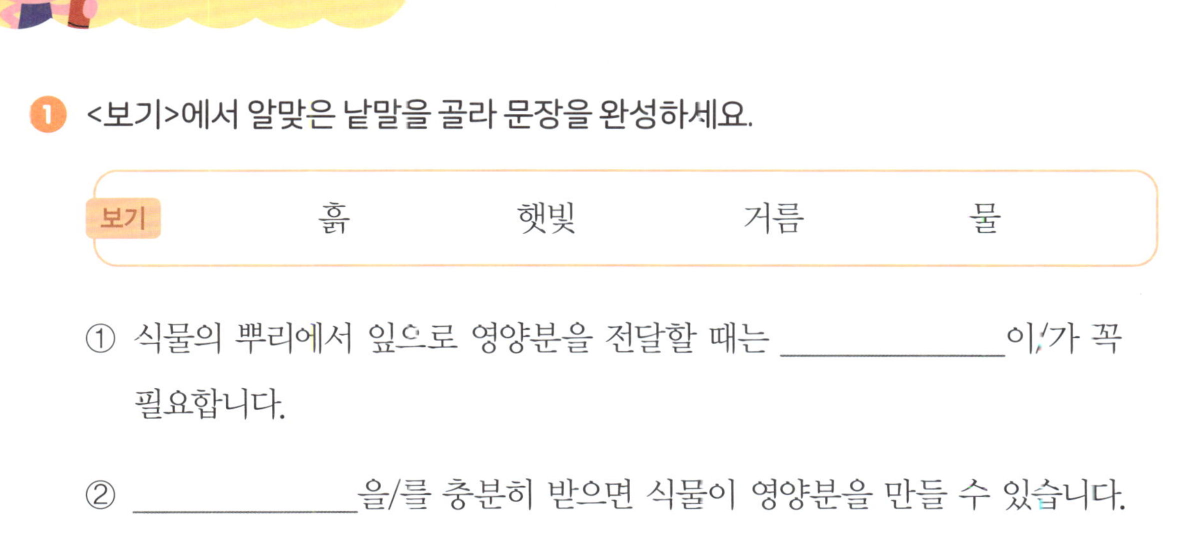

1 <보기>에서 알맞은 낱말을 골라 문장을 완성하세요.

보기	흙	햇빛	거름	물

① 식물의 뿌리에서 잎으로 영양분을 전달할 때는 ____________이/가 꼭 필요합니다.

② ____________을/를 충분히 받으면 식물이 영양분을 만들 수 있습니다.

③ 식물이 뿌리를 내릴 수 있는 공간은 ____________이/가 만들어 줍니다.

1주차 3일

33

바다가 아파요

자연 2학년 1학기 | • 숲 속 회의에 누가 왔을까?

• 총 어절 수 72개
• 권장 읽기 시간 45초

아래 글을 소리 내어 읽고, 걸린 시간을 아래 빈칸에 써 보세요.

바다에 버려진 쓰레기는 바다 생물과 우리에게도 영향을 미칠 수 있습니다.

깨끗한 바다를 위해 우리가 할 수 있는 일을 알아봅시다.

첫째, 쓰레기는 정해진 곳에 버리고, 해변에 쓰레기가 있으면 주워서 처리합니다.

둘째, 쓰레기를 줄이기 위해 플라스틱이나 유리병, 캔 같은 재활용 가능한 것들은 분리배출을 합니다.

셋째, 일회용 플라스틱 제품 대신 재사용이 가능한 물건을 사용합니다.

넷째, 바다나 해변에서 쓰레기를 직접 치우는 자원봉사 활동을 합니다.

이처럼 우리 모두가 조금만 신경 쓰면 깨끗하고 아름다운 바다를 지킬 수 있답니다.

걸린 시간  분  초

낱말을 익혀요

본문에 수록된 주요 낱말들의 뜻을 익혀요.

① 생물
- 뜻: 생명이 있는 동물과 식물
- 예문: 우리는 야생 생물을 보호해야 합니다.

② 재활용
- 뜻: 쓰고 버리는 물건을 다른 데에 다시 사용하거나 사용할 수 있게 함
- 예문: 오래된 식용유를 재활용하면 비누를 만들 수 있습니다.

③ 자원봉사
- 뜻: 대가 없이 어떤 일이나 사람을 스스로 돕는 활동
- 예문: 그 의사는 섬마을 주민들을 무료로 진료해 주는 자원봉사를 한다.

단계별로 연습하기

1단계
올바른 발음을 익혀요.

발음이 어렵거나 헷갈리는 낱말들을 정확하게 읽어요.

① 깨끗한 [깨끄탄] ② 알아봅시다 [아라봅씨다]
③ 곳에 [고세] ④ 재활용 [재화룡]
⑤ 분리배출 [불리배출] ⑥ 있답니다 [읻땀니다]

2단계
듣고 따라 읽어요.

QR코드에서 들려주는 선생님의 음성을 들으며 읽는 연습을 해요.

1 정확하게 따라 읽어요. 

2 속도에 맞춰 따라 읽어요. 

3 자연스럽게 따라 읽어요. 

3단계
다시 읽어봐요.

다시 소리 내어 읽고, 걸린 시간을 아래 빈칸에 써 보세요.

걸린 시간  분  초

내용을 확인해요

본문에서 읽었던 내용을 떠올리며 아래 문제를 풀어봐요. 정답 ▶ 160쪽

1 깨끗한 바다를 지키기 위한 방법으로 알맞지 않은 것은 무엇인가요?

① 쓰레기 함부로 버리지 않기
② 쓰레기 분리배출 잘하기
③ 위생을 위해 일회용품 많이 사용하기
④ 해변 청소 자원봉사 활동하기

2 빈칸에 알맞은 낱말을 본문에서 찾아 쓰세요.

물고기, 조개, 해파리, 미역 모두 바다에 사는 이다.

1주차 4일

34

땅속이 살아있다!

자연 2학년 1학기 | • 땅속이 꿈틀꿈틀

• 총 어절 수 74개
• 권장 읽기 시간 45초

아래 글을 소리 내어 읽고, 걸린 시간을 아래 빈칸에 써 보세요.

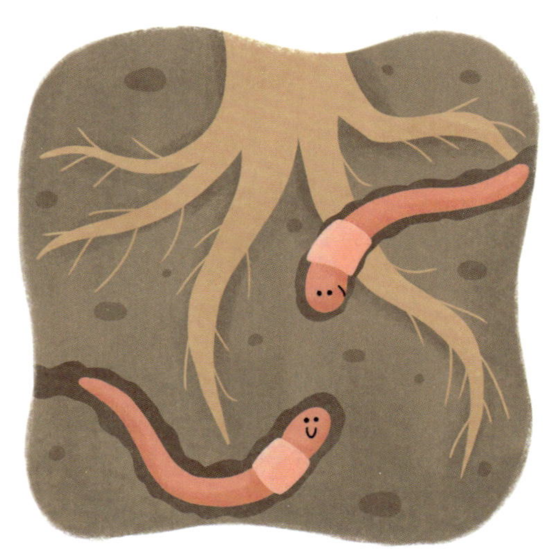

지렁이는 어둡고 축축한 땅속을 좋아합니다. 흙을 먹어 양분을 빨아들인 지렁이는 똥을 통해 식물이 잘 자랄 수 있는 영양분을 땅속에 공급합니다.

땅강아지는 습기가 있는 흙을 좋아하고 땅속에 굴을 파고 다니면서 나무의 뿌리나 작은 풀을 먹고 삽니다.

두더지도 땅속에 굴을 파고 사는데, 땅강아지와 두더지가 파는 이 굴 덕분에 땅은 더 부드러워지고 공기가 잘 통해서 땅속 생물들이 잘 살 수 있는 환경이 됩니다.

이처럼 우리가 잘 볼 수는 없지만, 땅속의 생물들은 땅을 건강하게 만드는 중요한 역할을 한답니다.

걸린 시간 분 초

낱말을 익혀요

본문에 수록된 주요 낱말들의 뜻을 익혀요.

1 양분

뜻 영양이 되는 성분

예문 식물은 뿌리를 통해 흙에 있는 양분을 빨아들인다.

2 습기

뜻 물기가 있어 축축한 기운

예문 비가 내리는 날은 집 안에 습기가 많이 찬다.

3 환경

뜻 생물이 살아가는 데에 영향을 주는 자연 상태나 조건

예문 환경을 보호하려면 일회용품 사용을 줄이고 재활용을 해야 한다.

단계별로 연습하기

1단계
올바른 발음을 익혀요.

발음이 어렵거나 헷갈리는 낱말들을 정확하게 읽어요.

① 축축한 [축추칸] ② 좋아합니다 [조아함니다]
③ 흙을 [흘글] ④ 땅강아지 [땅깡아지]
⑤ 습기 [습끼] ⑥ 없지만 [업찌만]

2단계
듣고 따라 읽어요.

QR코드에서 들려주는 선생님의 음성을 들으며 읽는 연습을 해요.

1 정확하게 따라 읽어요.
2 속도에 맞춰 따라 읽어요.
3 자연스럽게 따라 읽어요.

3단계
다시 읽어봐요.

다시 소리 내어 읽고, 걸린 시간을 아래 빈칸에 써 보세요.

걸린 시간 분 초

내용을 확인해요

본문에서 읽었던 내용을 떠올리며 아래 문제를 풀어봐요.

정답 ▶ 160쪽

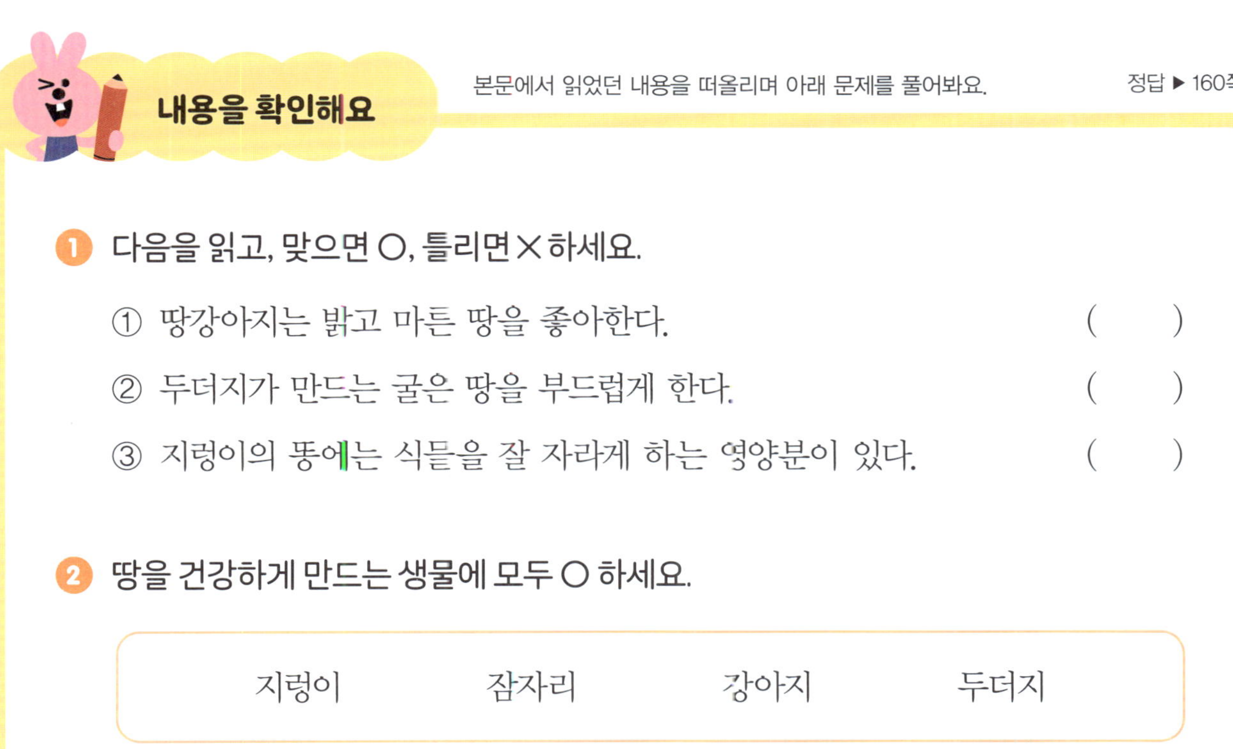

1 다음을 읽고, 맞으면 ○, 틀리면 × 하세요.

① 땅강아지는 밝고 마른 땅을 좋아한다. ( )
② 두더지가 만드는 굴은 땅을 부드럽게 한다. ( )
③ 지렁이의 똥에는 식물을 잘 자라게 하는 영양분이 있다. ( )

2 땅을 건강하게 만드는 생물에 모두 ○ 하세요.

지렁이 잠자리 강아지 두더지

7주차 5일

35

난 네가 필요해!

자연 2학년 1학기 | • 최고의 짝꿍

- 총 어절 수 73개
- 권장 읽기 시간 45초

아래 글을 소리 내어 읽고, 걸린 시간을 아래 빈칸에 써 보세요.

지구상에는 서로 도와가며 살아가는 생물들이 있습니다. 서로에게 이득이 되는 관계라서 두 생물 모두 행복합니다.

니모로 잘 알려진 흰동가리와 말미잘이 좋은 예입니다. 흰동가리는 자기 스스로 큰 물고기들의 미끼가 되어 바닷속을 헤엄쳐 다니다가 재빨리 말미잘 촉수 속으로 몸을 숨깁니다. 흰동가리를 잡아먹으려던 큰 물고기는 독이 있는 말미잘의 촉수에 쏘여 말미잘의 먹이가 됩니다. 하지만 흰동가리 몸은 끈끈한 점액으로 덮여 있어 말미잘의 독이 문제가 되지 않습니다. 이렇게 말미잘은 흰동가리를 보호해 주고, 흰동가리는 말미잘의 병든 촉수를 제거하거나 찌꺼기를 청소합니다.

걸린 시간 분 초

낱말을 익혀요

본문에 수록된 주요 낱말들의 뜻을 익혀요.

1 이득

뜻 이익을 얻음 또는 그 이익

예문 농부는 벼농사가 잘 되어 큰 이득을 얻었다.

2 미끼

뜻 물고기나 동물을 유인하여 잡기 위해 사용하는 먹이

예문 낚시를 할 때 지렁이를 미끼로 사용하기도 한다.

3 점액

뜻 생물체의 몸에서 나오는 끈끈한 성질을 가진 액체

예문 달팽이 몸에는 끈끈한 점액이 있다.

단계별로 연습하기

1단계

올바른 발음을 익혀요.

발음이 어렵거나 헷갈리는 낱말들을 정확하게 읽어요.

① 이득이 [이드기] ② 행복합니다 [행보캅니다]
③ 물고기 [물꼬기] ④ 바닷속 [바다쏙/바닫쏙]
⑤ 촉수 [촉쑤] ⑥ 점액으로 [저매그로]

2단계

듣고 따라 읽어요.

QR코드에서 들려주는 선생님의 음성을 들으며 읽는 연습을 해요.

1 정확하게 따라 읽어요. 

2 속도에 맞춰 따라 읽어요. 

3 자연스럽게 따라 읽어요. 

3단계

다시 읽어봐요.

다시 소리 내어 읽고, 걸린 시간을 아래 빈칸에 써 보세요.

걸린 시간  분  초

내용을 확인해요

본문에서 읽었던 내용을 떠올리며 아래 문제를 풀어봐요.

정답 ▶ 160쪽

1 다음을 읽고, 맞으면 ○, 틀리면 × 하세요.

① 흰동가리의 점액에는 독이 있다. ( )

② 큰 물고기도 말미잘의 먹이가 될 수 있다. ( )

③ 말미잘은 흰동가리의 병든 촉수를 제거하거나 청소한다. ( )

2 ( ) 안에서 알맞은 낱말을 골라 ○ 하세요.

① 아빠는 멸치를 (미끼, 이끼)로 낚시를 하셨다.

② 흰동가리의 몸은 끈끈한 (점액, 원액)으로 덮여 있다.

③ 흰동가리는 큰 물고기를 피해 말미잘의 (촉감, 촉수) 속으로 몸을 숨긴다.

8주차 1일

36 반려동물 입양하기

자연 2학년 1학기 | • 함께하면 행복해

- 총 어절 수 75개
- 권장 읽기 시간 45초

아래 글을 소리 내어 읽고, 걸린 시간을 아래 빈칸에 써 보세요.

반려동물을 키운다는 것은 하나의 생명을 책임지는 일입니다.

알레르기가 있는 가족은 없는지 살피고, 키우는 데 필요한 비용과 공간 등을 꼭 확인해야 합니다. 우리 가족에게 잘 맞는 반려동물을 선택하고 입양 기관을 알아봅니다. 돈을 주고 살 수도 있지만, 동물 보호소나 입양 사이트를 통해 반려동물을 찾을 수도 있습니다. 입양을 원하는 동물에 대해 상담을 받고, 입양 신청서를 작성한 후 심사를 거쳐야 합니다.

심사를 마친 후 반려동물을 집에 데려오면, 적응할 시간이 필요합니다. 반려동물의 특성을 알아 두고 조심스럽게 접근하여 천천히 친해지도록 합니다.

걸린 시간 ( ) 분 ( ) 초

낱말을 익혀요

본문에 수록된 주요 낱말들의 뜻을 익혀요.

1 반려

뜻 짝이 되는 사람이나 동물

예문 옆집 할머니는 반려견과 늘 함께 다니신다.

2 비용

뜻 어떤 일을 하는 데 드는 돈

예문 우리 학교는 많은 비용을 들여 교실에 전자칠판을 설치하였다.

3 입양

뜻 법적인 절차를 거쳐 자신이 낳지 않은 사람을 자식으로 들임

예문 그 어린 아이는 새로운 가정에 입양되었다.

단계별로 연습하기

1단계
올바른 발음을 익혀요.

발음이 어렵거나 헷갈리는 낱말들을 정확하게 읽어요.

① 반려 [발려] ② 책임 [채김]
③ 입양 [이뱡] ④ 작성 [작썽]
⑤ 적응 [저긍] ⑥ 접근 [접끈]

2단계
듣고 따라 읽어요.

QR코드에서 들려주는 선생님의 음성을 들으며 읽는 연습을 해요.

1 정확하게 따라 읽어요. 

2 속도에 맞춰 따라 읽어요. 

3 자연스럽게 따라 읽어요. 

3단계
다시 읽어봐요.

다시 소리 내어 읽고, 걸린 시간을 아래 빈칸에 써 보세요.

걸린 시간  분  초

내용을 확인해요

본문에서 읽었던 내용을 떠올리며 아래 문제를 풀어봐요.

정답 ▶ 160쪽

1 반려동물을 입양하는 순서대로 번호를 쓰세요.

① 신청서 작성하기	② 집에 데려와서 친해지기
③ 입양 기관 알아보기	④ 반려동물을 키울 때 필요한 것 알아보기

(→  → →)

2 낱말을 바르게 읽은 것에는 ○, 틀리게 읽은 것에는 ✕ 하세요.

① 반려 [발려] ( ) ② 입양 [이뱡] ( ) ③ 접근 [저끈] ( )

8주차 2일

37

자연 2학년 1학기 | • 우리도 말을 해요

내 말이 들리나요?

- 총 어절 수 72개
- 권장 읽기 시간 45초

아래 글을 소리 내어 읽고, 걸린 시간을 아래 빈칸에 써 보세요.

동물은 우리처럼 말을 하지는 않지만 냄새, 소리, 몸짓 등으로 대화합니다.

예를 들어, 개미는 냄새로 대화합니다.

개미는 몸에서 '페로몬'이라는 특별한 물질을 만들어 내는데, 상황에 따라 다른 페로몬을 사용합니다. 개미가 음식을 발견하면, 집으로 돌아오는 길에 페로몬을 흘립니다. 다른 개미들은 그 길에 남겨진 페로몬 냄새를 따라가서 음식을 찾을 수 있습니다. 위험한 상황이 생기면, 개미는 위험을 알리는 페로몬을 뿌려서 다른 개미들에게 알립니다. 이렇게 개미들은 페로몬을 사용해 서로 정보를 주고받고, 협력하면서 생활합니다.

개미들에게 페로몬은 우리의 언어와 같습니다.

걸린 시간  분  초

낱말을 익혀요

본문에 수록된 주요 낱말들의 뜻을 익혀요.

1 상황

- 뜻: 일이 진행되어 가는 형편이나 모양
- 예문: 화재대피훈련은 불이 난 상황을 가정해서 대피연습을 하는 것이다.

2 흘리다

- 뜻: 물이나 작은 알갱이 등을 밖으로 새게 하거나 떨어뜨리다
- 예문: 농부는 산에서 길을 잃지 않기 위해 곡식을 흘리며 걸어갔다.

3 협력하다

- 뜻: 힘을 합해 서로 돕다
- 예문: 우리 모둠은 협력하여 주어진 과제를 가장 먼저 해결했다.

단계별로 연습하기

1단계
올바른 발음을 익혀요.

발음이 어렵거나 헷갈리는 낱말들을 정확하게 읽어요.

① 동물은 [동무른] ② 몸짓 [몸찓]
③ 물질 [물찔] ④ 주고받고 [주고받꼬]
⑤ 협력하면서 [혐녀카면서] ⑥ 같습니다 [갇씀니다]

2단계
듣고 따라 읽어요.

QR코드에서 들려주는 선생님의 음성을 들으며 읽는 연습을 해요.

1 정확하게 따라 읽어요.

2 속도에 맞춰 따라 읽어요.

3 자연스럽게 따라 읽어요. 

3단계
다시 읽어봐요.

다시 소리 내어 읽고, 걸린 시간을 아래 빈칸에 써 보세요.

 걸린 시간  분  초

내용을 확인해요

본문에서 읽었던 내용을 떠올리며 아래 문제를 풀어봐요.

정답 ▶ 160쪽

1 동물이 대화하는 방법이 아닌 것은 무엇인가요?

① 그림 ② 냄새
③ 소리 ④ 몸짓

2 본문의 내용과 일치하는 것은 무엇인가요?

① 동물은 대화하지 않는다.
② 개미는 소리로 대화한다.
③ 개미는 페로몬이라는 물질을 땅에서 만든다.
④ 페로몬은 개미에게 언어와 같은 역할을 한다.

8주차 3일

38

여러 가지 색을 만들어요

자연 2학년 1학기 | • 색으로 만나는 자연

• 총 어절 수 74개
• 권장 읽기 시간 45초

아래 글을 소리 내어 읽고, 걸린 시간을 아래 빈칸에 써 보세요.

빨강, 노랑, 파랑을 삼원색이라고 합니다. 이 색들을 섞으면 여러 가지 색을 만들 수 있습니다.

빨강과 노랑을 섞으면 주황이 되고, 파랑과 노랑을 섞으면 초록이 됩니다. 빨강과 파랑을 섞으면 보라가 만들어진답니다. 검정은 빨강, 노랑, 파랑을 혼합하면 만들 수 있습니다. 파랑보다 연한 하늘색, 빨강보다 연한 분홍색은 어떻게 만들 수 있을까요? 하양을 섞으면 원래의 색보다 연한 색이 됩니다. 파랑에 하양을 조금 섞으면 하늘색이 되고, 빨강에 하양을 섞으면 분홍색이 됩니다.

또한 주황에 하양을 섞으면 연주황, 초록에 하양을 섞으면 연초록이 된답니다.

걸린 시간 분 초

낱말을 익혀요

본문에 수록된 주요 낱말들의 뜻을 익혀요.

1 **삼원색**

뜻 색깔이나 빛깔의 기본이 되는 세 가지 색

예문 선생님께서는 삼원색 물감을 섞어 여러 색깔의 물감을 만드셨다.

2 **혼합하다**

뜻 여러 가지를 뒤섞어 한데 합하다

예문 흰 쌀밥보다 콩과 보리 등을 혼합한 잡곡밥이 건강에 더 좋다.

3 **연하다**

뜻 색이나 농도가 옅다

예문 봄에는 나뭇잎 색이 연한 초록이 된다.

단계별로 연습하기

1단계

올바른 발음을 익혀요.

발음이 어렵거나 헷갈리는 낱말들을 정확하게 읽어요.

① 삼원색 [사원색]　② 색들을 [색뜨를]
③ 섞으면 [서끄면]　④ 혼합하면 [혼하파면]
⑤ 하늘색 [하늘쌕]　⑥ 원래의 [월래의]

2단계

듣고 따라 읽어요.

QR코드에서 들려주는 선생님의 음성을 들으며 읽는 연습을 해요.

1 정확하게 따라 읽어요.

2 속도에 맞춰 따라 읽어요.

3 자연스럽게 따라 읽어요.

3단계

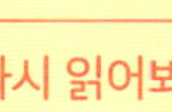

다시 읽어봐요.

다시 소리 내어 읽고, 걸린 시간을 아래 빈칸에 써 보세요.

걸린 시간  분  초

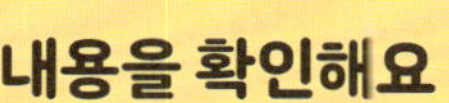

내용을 확인해요

본문에서 읽었던 내용을 떠올리며 아래 문제를 풀어봐요.

정답 ▶ 161쪽

1 다음 중 삼원색이 아닌 것은 무엇인가요?

① 검정　② 빨강
③ 파랑　④ 노랑

2 두 가지 색을 섞었을 때 만들 수 있는 색을 바르게 연결하세요.

① 빨강 + 파랑 •　• ㉠ 주황
② 초록 + 하양 •　• ㉡ 연두
③ 빨강 + 노랑 •　• ㉢ 보라

8주차 4일

39

자연 2학년 1학기 | • 미세 먼지로부터 안전하게

황사일까? 미세 먼지일까?

• 총 어절 수 72개
• 권장 읽기 시간 45초

아래 글을 소리 내어 읽고, 걸린 시간을 아래 빈칸에 써 보세요.

미세 먼지와 황사는 공기 중에 있는 작은 먼지들입니다. 하지만 조금 다른 점이 있습니다.

황사는 주로 중국이나 몽골에서 불어오는 바람에 날린 먼지가 하늘을 덮었다가, 땅으로 내려오며 생깁니다. 먼지 크기가 커서 누런 흙먼지도 쌓입니다. 미세 먼지는 자동차나 공장에서 나오는 물질들이 공기 중에 떠다니는 것을 말하며, 우리가 쉽게 볼 수 없는 아주 작은 먼지입니다. 황사는 자연적으로 발생하지만, 미세 먼지는 사람들에 의해 나타나는 현상입니다.

둘 다 우리 호흡기에 좋지 않으므로 외출할 때는 마스크를 쓰는 것이 좋습니다.

걸린 시간 ( ) 분 ( ) 초

낱말을 익혀요

본문에 수록된 주요 낱말들의 뜻을 익혀요.

① 미세

뜻 분간하기 어려울 정도로 아주 작음

예문 내가 먹는 유산균은 고운 가루여서 '미세 분말'이라고 쓰여 있다.

② 먼지

뜻 공중에 흩날리거나 물건 위에 쌓이는 아주 작고 가벼운 물질

예문 책상에 먼지가 쌓여 있다.

③ 호흡기

뜻 사람이나 동물의 몸에서 숨을 쉬는 일을 맡은 기관

예문 호흡기 질병에 걸리면 이비인후과에 가는 것이 좋다.

단계별로 연습하기

1단계 올바른 발음을 익혀요.

발음이 어렵거나 헷갈리는 낱말들을 정확하게 읽어요.

① 덮었다가 [더퍼따가]　② 생깁니다 [생김니다]
③ 흙먼지 [흥먼지]　④ 쌓입니다 [싸임니다]
⑤ 자연적으로 [자연저그로]　⑥ 않으므로 [아느므로]

2단계 듣고 따라 읽어요.

QR코드에서 들려주는 선생님의 음성을 들으며 읽는 연습을 해요.

1 정확하게 따라 읽어요. 

2 속도에 맞춰 따라 읽어요. 

3 자연스럽게 따라 읽어요. 

3단계 다시 읽어봐요.

다시 소리 내어 읽고, 걸린 시간을 아래 빈칸에 써 보세요.

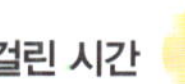 걸린 시간  분   초

내용을 확인해요

본문에서 읽었던 내용을 떠올리며 아래 문제를 풀어봐요.　정답 ▶ 161쪽

1 다음을 읽고, 황사에 대한 내용은 '황', 미세 먼지에 대한 내용은 '미'라고 쓰세요.

① 자연적으로 발생한다.　(　　)

② 주로 사람에 의해 발생한다.　(　　)

③ 우리 눈에 보이지 않는 작은 먼지이다.　(　　)

2 빈칸에 알맞은 낱말을 본문에서 찾아 쓰세요.

① 황사와 미세 먼지 모두 사람의 □□□에 좋지 않다.

② 황사가 있을 때는 외출 시  을/를 쓰는 것이 좋다.

자연 2학년 1학기 | • 난 네가 궁금해

8주차 5일

40 소중한 꿀벌

- 총 어절 수 72개
- 권장 읽기 시간 45초

아래 글을 소리 내어 읽고, 걸린 시간을 아래 빈칸에 써 보세요.

벌에 쏘이면 아프고 위험합니다. 하지만 꿀벌은 자연에서 정말 중요한 역할을 하는 곤충이기도 합니다.

벌이 꽃에서 꿀을 모으면, 벌집으로 가져와 저장합니다. 우리가 먹는 달콤한 꿀은 이렇게 만들어진답니다. 꿀벌은 꽃에서 꿀을 모으면서 꽃가루를 다른 꽃으로 옮깁니다. 이 덕분에 식물은 열매를 맺고 씨앗을 만들 수 있습니다. 만약 꿀벌이 없다면, 많은 식물이 자라기 어려울 것입니다. 그래서 농부들도 꿀벌을 아주 소중하게 여깁니다.

꿀벌은 단순히 꿀을 만드는 곤충이 아니라, 자연을 지키고 우리에게 맛있는 열매를 선물하는 아주 소중한 친구입니다.

걸린 시간  분  초

낱말을 익혀요

본문에 수록된 주요 낱말들의 뜻을 익혀요.

1 쏘이다

뜻 벌레의 침과 같은 것에 살을 찔리다

예문 모기에 쏘인 자리가 너무 가렵다.

2 곤충

뜻 벌처럼 머리, 가슴, 배 세 부분으로 되어 있고, 몸에 마디가 많은 동물

예문 시골에 가면 나비, 메뚜기, 사슴벌레와 같은 곤충을 많이 볼 수 있다.

3 맺다

뜻 열매나 꽃 등이 생겨나거나 그것을 이루다

예문 열매를 맺은 나무를 보니 정말 뿌듯하다.

단계별로 연습하기

1단계
올바른 발음을 익혀요.

발음이 어렵거나 헷갈리는 낱말들을 정확하게 읽어요.

① 꽃에서 [꼬체서] ② 벌집 [벌찝]
③ 꽃가루 [꼳까루] ④ 옮깁니다 [옴깁니다]
⑤ 맺고 [맫꼬] ⑥ 없다면 [업따면]

2단계
듣고 따라 읽어요.

QR코드에서 들려주는 선생님의 음성을 들으며 읽는 연습을 해요.

1 정확하게 따라 읽어요.
2 속도에 맞춰 따라 읽어요.
3 자연스럽게 따라 읽어요.

3단계
다시 읽어봐요.

다시 소리 내어 읽고, 걸린 시간을 아래 빈칸에 써 보세요.

걸린 시간 분 초

내용을 확인해요

본문에서 읽었던 내용을 떠올리며 아래 문제를 풀어봐요. 정답 ▶ 161쪽

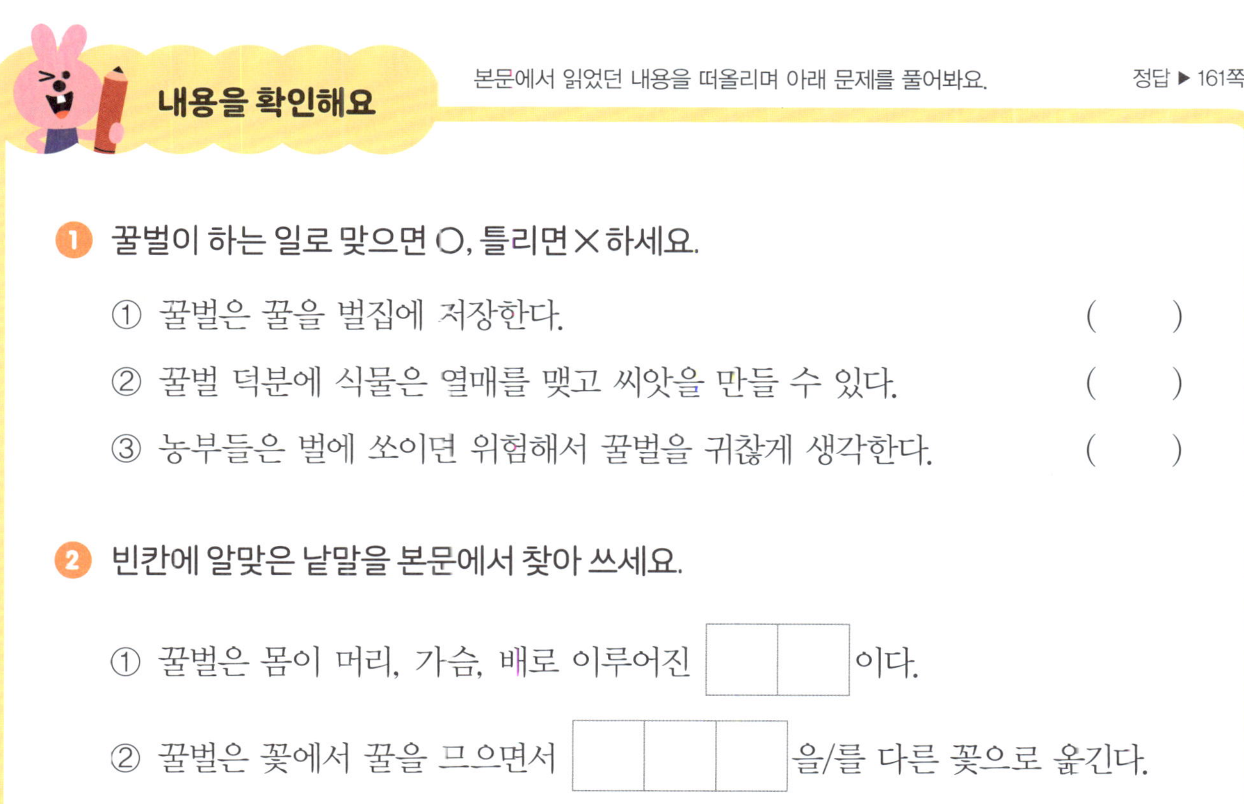

1 꿀벌이 하는 일로 맞으면 ○, 틀리면 ✕ 하세요.

① 꿀벌은 꿀을 벌집에 저장한다. ( )
② 꿀벌 덕분에 식물은 열매를 맺고 씨앗을 만들 수 있다. ( )
③ 농부들은 벌에 쏘이면 위험해서 꿀벌을 귀찮게 생각한다. ( )

2 빈칸에 알맞은 낱말을 본문에서 찾아 쓰세요.

① 꿀벌은 몸이 머리, 가슴, 배로 이루어진 ☐☐이다.
② 꿀벌은 꽃에서 꿀을 모으면서 ☐☐☐을/를 다른 꽃으로 옮긴다.

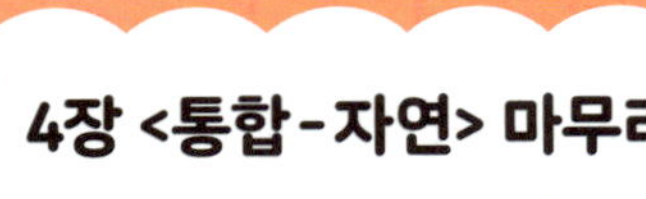

4장 <통합-자연> 마무리 활동

정답 ▶ 161쪽

1 4장에서 배운 내용을 생각하며, 아래의 낱말을 정확하게 읽어봐요.

① 얇다	② 물방울
③ 낮잠	④ 식물
⑤ 흙에	⑥ 햇빛은
⑦ 깨끗한	⑧ 재활용
⑨ 분리배출	⑩ 축축한
⑪ 좋아합니다	⑫ 흙을
⑬ 행복합니다	⑭ 촉수
⑮ 점액으로	⑯ 반려
⑰ 작성	⑱ 접근
⑲ 몸짓	⑳ 물질
㉑ 같습니다	㉒ 섞으면
㉓ 혼합하면	㉔ 원래의
㉕ 생깁니다	㉖ 흙먼지
㉗ 쌓입니다	㉘ 꽃에서
㉙ 벌집	㉚ 꽃가루

2 다음을 읽고, 맞으면 ○, 틀리면 ✕ 하세요.

31과 ① '장대비'는 장대와 같이 강하고 길게 내리는 비이다. (　　)

34과 ② 지렁이와 땅강아지는 축축한 땅을 좋아한다. (　　)

35과 ③ 흰동가리와 말미잘은 서로 먹고 먹히는 관계이다. (　　)

36과 ④ 반려동물을 키우기 위해서는 많은 준비가 필요하다. (　　)

39과 ⑤ 황사와 미세먼지는 모두 자연적으로 발생한다. (　　)

3 <보기>에서 알맞은 낱말을 골라 빈칸에 쓰세요.

보기

검정　　분리배출　　노랑　　언어　　거름　　꽃가루

32과 ① 식물이 잘 자라도록 흙에 [　　　] 을/를 주기도 한다.

33과 ② 플라스틱, 유리, 캔 등 재활용이 가능한 것은 [　　　] 을/를 합니다.

37과 ③ 페로몬은 개미들에게 꼭 필요한 [　　　] 와/과 같다.

38과 ④ 빨강, 파랑, [　　　] 을/를 삼원색이라고 한다.

40과 ⑤ 꿀벌은 한 꽃에서 다른 꽃으로 [　　　] 을/를 옮긴다.

5장

통합 | 마을

9주차 1일

41

우리 마을을 소개합니다 (1)

마을 2학년 1학기 | • 마을 탐험을 떠나요

- 총 어절 수 73개
- 권장 읽기 시간 45초

아래 글을 소리 내어 읽고, 걸린 시간을 아래 빈칸에 써 보세요.

수민이에게

안녕, 수민아!

나는 어촌에 살고 있는 지윤이라고 해.

여기는 도시보다 조용하고, 바다가 가까워서 나는 바다 냄새를 매일 맡으며 살고 있어. 아저씨, 아주머니들은 바다에 나가 고기를 잡는 일을 하시거나 어시장에서 일을 많이 하셔. 난 주말에는 바닷가에 가서 조개를 줍기도 해. 내가 가장 좋아하는 놀이란다. 밤에는 많은 별이 떠 있는 하늘을 볼 수 있고 멀리 보이는 등대 불빛도 아주 멋져서 너에게도 보여주고 싶어. 다음엔 너의 도시 이야기를 들려주겠니?

건강하게 잘 지내.

너의 친구 지윤이가

걸린 시간 ( )분 ( )초

낱말을 익혀요

본문에 수록된 주요 낱말들의 뜻을 익혀요.

① 어촌

뜻 물고기를 잡아 생활하는 사람들이 모여 사는 바닷가 마을

예문 나는 어촌에 살아서 그런지 바다 냄새를 맡으면 마음이 편안해진다.

② 어시장

뜻 생선 등의 수산물을 파는 시장

예문 엄마는 여러 가지 싱싱한 생선들이 있는 어시장에 자주 가신다.

③ 등대

뜻 밤에 배들의 안전을 위해 섬이나 바닷가에서 불빛 신호를 보내는 건물

예문 그 섬에는 예쁜 등대가 있어 여행객들이 많이 찾아간다.

단계별로 연습하기

1단계
올바른 발음을 익혀요.

발음이 어렵거나 헷갈리는 낱말들을 정확하게 읽어요.

① 맡으며 [마트며] ② 잡는 [잠는]
③ 줍기도 [줍끼도] ④ 불빛도 [불삗또]
⑤ 멋져서 [먿쩌서] ⑥ 들려주겠니 [들려주겐니]

2단계
듣고 따라 읽어요.

QR코드에서 들려주는 선생님의 음성을 들으며 읽는 연습을 해요.

1 정확하게 따라 읽어요. 
2 속도에 맞춰 따라 읽어요.
3 자연스럽게 따라 읽어요. 

3단계
다시 읽어봐요.

다시 소리 내어 읽고, 걸린 시간을 아래 빈칸에 써 보세요.

걸린 시간  분  초

내용을 확인해요

본문에서 읽었던 내용을 떠올리며 아래 문제를 풀어봐요. 정답 ▶ 161쪽

1 어촌의 특징이 아닌 것은 무엇인가요?

① 바다를 볼 수 있다.
② 도시보다 시끄럽다.
③ 등대를 볼 수 있다.
④ 어시장에서 일하는 사람이 많다.

2 빈칸에 알맞은 낱말을 본문에서 찾아 쓰세요.

수민이는 ☐☐에 살고 있는 친구이다.

9주차 2일

42

우리 마을을 소개합니다 (2)

마을 2학년 1학기 | • 마을 탐험을 떠나요

• 총 어절 수 74개
• 권장 읽기 시간 45초

아래 글을 소리 내어 읽고, 걸린 시간을 아래 빈칸에 써 보세요.

지윤이에게

안녕, 지윤아!

보내준 편지 잘 받았어. 편지를 주고받는 친구가 생겨서 너무 기뻐.

여기 도시는 많은 사람들이 함께 살아가는 곳이야. 높은 빌딩들이 가득하고, 차들도 많아서 길이 항상 붐벼. 사람들이 일하러 가는 시간에는 지하철이 꽉 찰 만큼 사람들이 많단다. 커다란 백화점이나 영화관도 많이 있어. 밤하늘의 별은 잘 보이지 않지만, 건물의 큰 간판이나 가로등, 자동차들의 불빛 때문에 야경이 아주 멋져. 언젠가 네가 우리 집에 놀러오면 맛있는 음식도 많이 먹고, 재미있는 곳도 같이 구경하자.

또 편지할게.

수민이가

걸린 시간  분  초 

낱말을 익혀요

본문에 수록된 주요 낱말들의 뜻을 익혀요.

❶ 도시

뜻 정치, 경제, 문화의 중심이 되고 사람이 많이 사는 지역

예문 서울은 우리나라에서 가장 많은 사람이 살고 있는 도시이다.

❷ 붐비다

뜻 많은 사람들이나 차 등이 한 곳에 몰려 매우 복잡하다

예문 설 연휴가 시작되자 기차역이나 고속도로가 많이 붐볐다.

❸ 야경

뜻 밤에 보이는 경치

예문 우리는 전망대에 올라가 화려한 야경을 보았다.

단계별로 연습하기

1단계
올바른 발음을 익혀요.

발음이 어렵거나 헷갈리는 낱말들을 정확하게 읽어요.

① 받았어 [바다써]
② 주고받는 [주고반는]
③ 높은 [노픈]
④ 가득하고 [가드카고]
⑤ 많단다 [만탄다]
⑥ 편지할게 [편지할께]

2단계
듣고 따라 읽어요.

QR코드에서 들려주는 선생님의 음성을 들으며 읽는 연습을 해요.

1 정확하게 따라 읽어요. 

2 속도에 맞춰 따라 읽어요. 

3 자연스럽게 따라 읽어요. 

3단계
다시 읽어봐요.

다시 소리 내어 읽고, 걸린 시간을 아래 빈칸에 써 보세요.

걸린 시간  분  초

내용을 확인해요

본문에서 읽었던 내용을 떠올리며 아래 문제를 풀어봐요.

정답 ▶ 161쪽

1 도시에 대한 내용으로 맞으면 ○, 틀리면 × 하세요.

① 지윤이가 살고 있는 곳이다. (　　)

② 많은 사람들이 살고 있다. (　　)

③ 건물의 높이가 높고 차가 많이 다닌다. (　　)

④ 밤하늘에 별이 잘 보여서 경치가 멋지다. (　　)

2 빈칸에 알맞은 낱말을 본문에서 찾아 쓰세요.

밤에 전망대에서 내려다본 도시의 ______ 은/는 정말 아름다웠다.

9주차 3일

43 욕심이와 마음이

- 총 어절 수 72개
- 권장 읽기 시간 45초

아래 글을 소리 내어 읽고, 걸린 시간을 아래 빈칸에 써 보세요.

옛날, 깊은 산속에 욕심이와 마음이 자매가 있었어요.

두 자매는 같이 산길을 걷다가 나무에 걸려 있는 황금 방울을 발견했어요. 욕심이는 방울을 가지려고 밧줄을 나무에 매고 오르려 했어요. 하지만 밧줄은 풀려버렸고, 욕심이는 땅에 엎어지고 말았어요. 마음이는 조심스럽게 다가가 방울을 보며, "이 방울로 어려운 사람들을 돕게 해주세요."라고 말했어요. 그러자 방울이 빛을 내며 따뜻한 밥과 옷이 나타났어요. 마음이는 밥과 옷을 어깨에 메고 내려와 마을 사람들과 나누었어요.

그 후로 두 자매는 가치 있는 모든 것을 나누며 행복하게 살았답니다.

걸린 시간 ( ) 분 ( ) 초

낱말을 익혀요

본문에 수록된 주요 낱말들의 뜻을 익혀요.

1 자매
- 뜻: 언니와 여동생 사이
- 예문: 언니와 나는 무엇이든 이야기하고 마음을 나누는 사이좋은 자매이다.

2 매다
- 뜻: 따로 떨어지거나 풀어지지 않도록 끈이나 줄의 두 끝을 서로 묶다
- 예문: 달리기 시합을 하기 전에 신발 끈을 단단히 맸다.

3 메다
- 뜻: 물건을 어깨나 등에 올려놓다
- 예문: 수연이는 책가방을 메고 학교에 갑니다.

단계별로 연습하기

1단계
올바른 발음을 익혀요.

발음이 어렵거나 헷갈리는 낱말들을 정확하게 읽어요.

① 산속에 [산쏘게] ② 같이 [가치]
③ 산길을 [산끼를] ④ 밧줄 [바쭐/받쭐]
⑤ 엎어지고 [어퍼지고] ⑥ 돕게 [돕께]

2단계
듣고 따라 읽어요.

QR코드에서 들려주는 선생님의 음성을 들으며 읽는 연습을 해요.

1 정확하게 따라 읽어요. 

2 속도에 맞춰 따라 읽어요. 

3 자연스럽게 따라 읽어요. 

3단계
다시 읽어봐요.

다시 소리 내어 읽고, 걸린 시간을 아래 빈칸에 써 보세요.

걸린 시간  분  초

내용을 확인해요

본문에서 읽었던 내용을 떠올리며 아래 문제를 풀어봐요.

정답 ▶ 161쪽

1 <보기>에서 알맞은 낱말을 골라 문장을 완성하세요.

보기	매고	메고	같이	가치

① 지아와 연우는 놀이터에서 ____________ 놀았습니다.

② 강아지와 산책할 때는 목줄을 ____________ 나가야 합니다.

③ 아빠와 함께 배낭을 ____________ 등산을 갑니다.

2 낱말을 바르게 읽은 것은 무엇인가요?

① 같이 [가티] ② 산길을 [산기를] ③ 밧줄 [바쭐]

9주차 1일

44

달리기의 좋은 점

마을 2학년 1학기 | • 이어달리기

• 총 어절 수 74개
• 권장 읽기 시간 45초

아래 글을 소리 내어 읽고, 걸린 시간을 아래 빈칸에 써 보세요.

여러분은 달리기를 좋아하나요? 달리기는 우리에게 좋은 운동입니다. 긴 거리를 천천히 달리기도 하고, 짧은 거리를 최대한 빠르게 달리기도 합니다. 달리기의 좋은 점을 알아봅시다.

먼저, 달리기는 집중력을 높여줍니다. 뇌에 산소를 공급해 두뇌 활동을 활발하게 해서 공부에 잘 집중할 수 있게 해줍니다.

다음으로, 달리기는 키 크는 데 도움을 줍니다. 성장판을 자극할 뿐만 아니라 근육과 뼈의 발달에도 좋은 영향을 줍니다.

마지막으로 어린이의 정신 건강에도 도움이 됩니다. 달리기를 하면 우리 몸에서 '엔도르핀'이라고 하는 행복 호르몬이 생겨서 기분이 좋아지기 때문입니다.

걸린 시간  분   초

낱말을 익혀요

본문에 수록된 주요 낱말들의 뜻을 익혀요.

1 집중력

뜻 관심이나 생각을 한 가지 일에 쏟아붓는 힘

예문 텔레비전을 보며 공부를 하면 집중력이 떨어진다.

2 성장판

뜻 뼈가 성장할 때 길이가 주로 늘어나는 부분

예문 농구는 성장판을 자극시키는 운동이다.

3 호르몬

뜻 몸의 한 부분에서 나와 몸 안을 돌면서 다른 조직이나 기관의 활동을 조절하는 물질

예문 밤에 깊은 잠을 잘 때 성장 호르몬이 많이 생깁니다.

단계별로 연습하기

1단계
올바른 발음을 익혀요.

발음이 어렵거나 헷갈리는 낱말들을 정확하게 읽어요.

① 좋은 [조은]　② 짧은 [짤븐]
③ 집중력을 [집쭝녀글]　④ 높여줍니다 [노펴줌니다]
⑤ 공급해 [공그패]　⑥ 자극할 [자그칼]

2단계
듣고 따라 읽어요.

QR코드에서 들려주는 선생님의 음성을 들으며 읽는 연습을 해요.

1 정확하게 따라 읽어요. 

2 속도에 맞춰 따라 읽어요. 

3 자연스럽게 따라 읽어요. 

3단계
다시 읽어봐요.

다시 소리 내어 읽고, 걸린 시간을 아래 빈칸에 써 보세요.

걸린 시간  분  초

내용을 확인해요

본문에서 읽었던 내용을 떠올리며 아래 문제를 풀어봐요.

정답 ▶ 161쪽

1 달리기의 좋은 점이 아닌 것은 무엇인가요?

① 공부에 더 잘 집중할 수 있게 해준다.
② 근육과 뼈의 발달에 좋은 영향을 준다.
③ 엔도르핀이라는 수면 호르몬이 생겨 잠을 잘 잘 수 있게 한다.

2 빈칸에 알맞은 낱말을 본문에서 찾아 쓰세요.

① 달리기는 뇌에 ☐☐ 을/를 공급해 두뇌 활동을 활발하게 한다.
② 달리기는 어린이의 신체뿐만 아니라 ☐☐ 건강에도 도움이 된다.

9주차 1일

45

여러 가지 공공 기관

마을 2학년 1학기 | • 마을 탐험을 떠나요

• 총 어절 수 74개
• 권장 읽기 시간 45초

아래 글을 소리 내어 읽고, 걸린 시간을 아래 빈칸에 써 보세요.

공공 기관은 마을 사람들의 생활을 돕고 살기 좋은 마을을 만드는 일을 합니다.

우체국에서는 편지나 택배를 사람들이 원하는 곳으로 전달해 주고 저축을 할 수도 있습니다. 보건소는 지역 사람들의 건강을 위해서 예방 접종도 합니다. 질병이나 전염병을 예방하고 위생적인 환경을 만들기 위해 노력합니다. 도서관은 주민이라면 누구나 이용할 수 있고, 이곳에서 공부를 하거나 책을 빌릴 수 있습니다. 또 독서 행사나 다양한 교육 프로그램을 운영합니다. 소방서는 화재를 예방하고 화재가 발생하면 불을 끕니다. 위급한 일이 있을 때는 사람을 구조하고 도와줍니다.

걸린 시간   분  초

낱말을 익혀요

본문에 수록된 주요 낱말들의 뜻을 익혀요.

1 공공

뜻 한 국가 또는 사회의 모든 사람에게 관계되는 것

예문 우리 동네에는 공공 도서관이 있어 누구나 이용할 수 있다.

2 예방

뜻 병이나 사고 등이 생기지 않도록 미리 막음

예문 손을 깨끗이 씻으면 감기를 예방할 수 있다.

3 위급

뜻 어떤 일이나 상태가 몹시 위험하고 급함

예문 위급 환자를 싣고 구급차가 빠르게 달린다.

1단계
올바른 발음을 익혀요.

발음이 어렵거나 헷갈리는 낱말들을 정확하게 읽어요.

① 돕고 [돕꼬] ② 택배 [택빼]
③ 전염병 [저념뼝] ④ 노력합니다 [노려캄니다]
⑤ 독서 [독써] ⑥ 위급한 [위그판]

2단계
듣고 따라 읽어요.

QR코드에서 들려주는 선생님의 음성을 들으며 읽는 연습을 해요.

1 정확하게 따라 읽어요. 
2 속도에 맞춰 따라 읽어요. 
3 자연스럽게 따라 읽어요. 

3단계
다시 읽어봐요.

다시 소리 내어 읽고, 걸린 시간을 아래 빈칸에 써 보세요.

걸린 시간  분  초

내용을 확인해요

본문에서 읽었던 내용을 떠올리며 아래 문제를 풀어봐요. 정답 ▶ 162쪽

1 각 기관이 하는 일로 알맞은 것을 연결하세요.

① 소방서 • • ㉠ 독서 행사를 하고 교육 프로그램을 운영한다.
② 보건소 • • ㉡ 위급한 사람을 구조한다.
③ 도서관 • • ㉢ 질병이나 전염병을 예방하기 위해 노력한다.
④ 우체국 • • ㉣ 편지나 택배를 전달한다.

2 우리 마을에 있는 다른 공공 기관은 무엇이 있는지 쓰세요. (2가지)

10주차 1일

46

공공장소에서의 예절

마을 2학년 1학기 | • 마을을 위해 지켜요

- 총 어절 수 74개
- 권장 읽기 시간 45초

아래 글을 소리 내어 읽고, 걸린 시간을 아래 빈칸에 써 보세요.

공공장소는 여럿이 함께 이용하는 공간이므로 서로를 배려하는 마음이 중요합니다.

공공장소에서는 다른 사람에게 방해가 되지 않도록 조용히 이야기해야 합니다. 큰 소리로 떠들거나 소리를 지르면 다른 사람들이 불편할 수 있습니다. 버스나 지하철을 탈 때, 음식점에서 주문할 때는 줄을 서야 합니다. 또 지하철이나 버스를 탈 때는 내리는 사람이 먼저 내린 후 탑승합니다. 쓰레기는 쓰레기통에 버리고, 책상이나 의자에 낙서하면 안 됩니다. 도서관이나 대중교통에서는 음식을 먹지 않는 것이 좋습니다. 음식 냄새가 날 수도 있고, 흘리면 지저분해질 수도 있기 때문입니다.

걸린 시간  분  초 

낱말을 익혀요

본문에 수록된 주요 낱말들의 뜻을 익혀요.

1 배려

뜻 관심을 가지고 보살펴 주거나 도와줌

예문 서형이는 전학 온 친구에게 도움을 주며 배려를 해주었다.

2 탑승

뜻 비행기나 배, 차 등에 올라탐

예문 연서는 여권을 들고 비행기 탑승을 준비했다.

3 지저분하다

뜻 어떤 곳이 정리되어 있지 않아서 어수선하다

예문 사람들이 쓰레기를 함부로 버려서 공원이 지저분하다.

단계별로 연습하기

1단계
올바른 발음을 익혀요.

발음이 어렵거나 헷갈리는 낱말들을 정확하게 읽어요.

① 여럿이 [여러시] ② 공간이므로 [공가니므로]
③ 음식점 [음식쩜] ④ 탑승 [탑씅]
⑤ 낙서 [낙써] ⑥ 있기 [읻끼]

2단계
듣고 따라 읽어요.

QR코드에서 들려주는 선생님의 음성을 들으며 읽는 연습을 해요.

1 정확하게 따라 읽어요. 
2 속도에 맞춰 따라 읽어요. 
3 자연스럽게 따라 읽어요. 

3단계
다시 읽어봐요.

다시 소리 내어 읽고, 걸린 시간을 아래 빈칸에 써 보세요.

걸린 시간  분  초

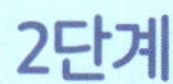

내용을 확인해요

본문에서 읽었던 내용을 떠올리며 아래 문제를 풀어봐요.

정답 ▶ 162쪽

1 공공장소에서 지켜야 할 예절이 아닌 것은 무엇인가요?

① 지하철 안에서는 조용히 이야기한다.
② 버스를 탈 때는 내리는 사람이 내린 후에 탄다.
③ 음식점에서 주문을 할 때는 줄을 서서 차례를 지킨다.
④ 도서관을 아름답게 꾸미기 위해 책상 위에 그림을 그린다.

2 빈칸에 알맞은 낱말을 본문에서 찾아 쓰세요.

할머니 댁에 가는 기차를 타기 위해  하는 곳을 확인했다.

10주차 2일

47 지역 축제를 즐겨요

마을 2학년 1학기 | • 마을을 즐겨요

- 총 어절 수 72개
- 권장 읽기 시간 45초

아래 글을 소리 내어 읽고, 걸린 시간을 아래 빈칸에 써 보세요.

우리나라 곳곳에서는 계절에 따라 재미있는 지역 축제가 열립니다. 여러분이 살고 있는 마을에서는 어떤 축제가 열리고 있나요?

봄에는 벚꽃이 활짝 피는 진해에서 군항제가 열리는데, 멋진 군악대 퍼레이드도 볼 수 있습니다. 여름에는 해수욕장에 사람들이 많이 모이는 보령 머드 축제에서, 온몸에 진흙을 묻히고 신나게 놀 수 있답니다. 가을에는 안동에서 국제탈춤페스티벌이 열려, 세계 여러 전통 탈과 공연을 즐깁니다. 겨울에는 화천 산천어 축제에서 얼음낚시도 하고, 얼음 미끄럼틀도 탈 수 있습니다.

축제는 지역의 멋과 문화를 즐기는 좋은 기회랍니다!

걸린 시간  분  초 

낱말을 익혀요

본문에 수록된 주요 낱말들의 뜻을 익혀요.

1 지역

뜻 어떤 특징이나 일정한 기준에 따라 범위를 나눈 땅

예문 내가 살고 있는 지역에는 바다가 없다.

2 축제

뜻 어떤 것을 기념하거나 축하하기 위하여 벌이는 큰 규모의 행사

예문 봄에는 여러 곳에서 벚꽃 축제가 열린다.

3 군악대

뜻 군 음악을 연주하는 군인들로 조직된 부대

예문 군악대의 연주에 맞추어 군인들이 행진하고 있었다.

단계별로 연습하기

1단계
올바른 발음을 익혀요.

발음이 어렵거나 헷갈리는 낱말들을 정확하게 읽어요.

① 곳곳에서는 [곧꼬세서는] ② 재미있는 [재미인는]
③ 축제 [축쩨] ④ 벚꽃이 [벋꼬치]
⑤ 군악대 [구낙때] ⑥ 해수욕장 [해수욕짱]

2단계
듣고 따라 읽어요.

QR코드에서 들려주는 선생님의 음성을 들으며 읽는 연습을 해요.

1 정확하게 따라 읽어요. 
2 속도에 맞춰 따라 읽어요. 
3 자연스럽게 따라 읽어요. 

3단계
다시 읽어봐요.

다시 소리 내어 읽고, 걸린 시간을 아래 빈칸에 써 보세요.

걸린 시간  분  초

내용을 확인해요

본문에서 읽었던 내용을 떠올리며 아래 문제를 풀어봐요.

정답 ▶ 162쪽

1 각 지역과 그 지역의 대표적인 축제를 바르게 연결하세요.

① 안동 • • ㉠ 산천어 축제
② 보령 • • ㉡ 국제탈춤페스티벌
③ 화천 • • ㉢ 머드 축제

2 봄, 여름, 가을, 겨울 축제의 순서대로 번호를 쓰세요.

① 머드축제	② 군항제
③ 산천어 축제	④ 국제탈춤페스티벌

(→ → →)

마을 2학년 1학기 | • 마을을 담아 만들어요

10주차 3일

48 우리 지역 마스코트는?

- 총 어절 수 74개
- 권장 읽기 시간 45초

아래 글을 소리 내어 읽고, 걸린 시간을 아래 빈칸에 써 보세요.

마스코트란 도시를 알리고 친근하게 느껴지도록 도와주는 귀여운 캐릭터를 말합니다.

서울의 마스코트는 '해치'입니다. 해치는 전설 속 동물로, 옳고 그름을 잘 판단하는 똑똑한 동물입니다. 부산에서는 갈매기를 자주 볼 수 있어 갈매기를 본뜬 '부기'라는 마스코트가 있습니다. 인천은 '꼬미'라는 마스코트가 있는데, 인천 앞바다를 헤엄치는 물범을 본떠 만든 캐릭터입니다. 대전에는 1993년 대전엑스포 때 만들어진 캐릭터로 '꿈돌이'라는 마스코트가 있습니다. 대전은 과학이 발달한 도시라서 꿈돌이가 우주와 과학을 떠올리게 합니다.

도시마다 개성 있는 마스코트로 각종 기념품과 홍보물을 만들어 그 지역을 널리 알립니다.

걸린 시간  분  초 

낱말을 익혀요

본문에 수록된 주요 낱말들의 뜻을 익혀요.

① 친근하다

뜻 친하여 익숙하고 허물이 없다

예문 어제 새로 전학 온 친구는 나와 비슷한 점이 많아 친근한 느낌이 든다.

② 본뜨다

뜻 이미 있는 것을 그대로 따라서 만들다

예문 아이들은 자신이 좋아하는 동물 모양을 본떠 쿠키를 만들었다.

③ 홍보물

뜻 어떤 사실이나 제품 등을 널리 알리기 위해 만든 것

예문 새로 생긴 분식집에서 가게를 알리는 홍보물을 나누어 주었다.

단계별로 연습하기

1단계
올바른 발음을 익혀요.

발음이 어렵거나 헷갈리는 낱말들을 정확하게 읽어요.

① 옳고 [올코] ② 그름을 [그르믈]
③ 똑똑한 [똑또칸] ④ 앞바다 [압빠다]
⑤ 발달한 [발딸한] ⑥ 각종 [각쫑]

2단계
듣고 따라 읽어요.

QR코드에서 들려주는 선생님의 음성을 들으며 읽는 연습을 해요.

1 정확하게 따라 읽어요.

2 속도에 맞춰 따라 읽어요.

3 자연스럽게 따라 읽어요.

3단계
다시 읽어봐요.

다시 소리 내어 읽고, 걸린 시간을 아래 빈칸에 써 보세요.

걸린 시간  분  초

내용을 확인해요

본문에서 읽었던 내용을 떠올리며 아래 문제를 풀어봐요.

정답 ▶ 162쪽

1 각 도시와 그 도시의 마스코트를 바르게 연결하세요.

① 서울 • • ㉠ 꿈돌이
② 대전 • • ㉡ 부기
③ 부산 • • ㉢ 해치

2 빈칸에 알맞은 낱말을 본문에서 찾아 쓰세요.

도시마다 개성 있는 ☐☐☐☐(으)로 기념품과 홍보물을 만들어 그 지역을 알린다.

10주차 4일

49

여행을 만드는 사람들

- 총 어절 수 74개
- 권장 읽기 시간 45초

아래 글을 소리 내어 읽고, 걸린 시간을 아래 빈칸에 써 보세요.

여행 기획자는 사람들이 좋아하는 여행지와 편리한 비행기표나 기차표를 찾습니다. 숙소도 미리 준비하고, 그 지역에서 즐길 수 있는 체험 활동을 추천하기도 합니다. 창의력이 많고 계획을 잘 세우는 사람이면 더 잘할 수 있습니다. 사람들과 이야기하는 것을 즐기고 문제가 생겼을 때 빠르게 해결할 수 있는 능력도 필요합니다.

이 직업은 세계 여러 나라와 문화를 알게 되고, 다양한 사람들을 만날 수 있다는 좋은 점이 있습니다. 여행을 좋아하고 다른 사람들에게 멋진 경험을 선물하고 싶다면, 여행 기획자가 되어 보는 건 어떨까요?

걸린 시간 ( )분 ( )초

낱말을 익혀요

본문에 수록된 주요 낱말들의 뜻을 익혀요.

① 기획

뜻 행사나 일 등의 절차와 내용을 미리 자세하게 계획함

예문 나는 친구들과 함께 우리 반 학예발표회를 기획하였다.

② 추천

뜻 어떤 조건에 알맞은 사람이나 물건을 책임지고 소개함

예문 현주는 도서관에서 추천도서 목록을 보고 책을 골랐다.

③ 창의력

뜻 지금까지 없던 새로운 것을 생각해 내는 능력

예문 창의력이 뛰어난 승호는 미술시간에 늘 새로운 작품을 만들어 낸다.

단계별로 연습하기

1단계
올바른 발음을 익혀요.

발음이 어렵거나 헷갈리는 낱말들을 정확하게 읽어요.

① 기획자 [기획짜] ② 편리한 [펄리한]
③ 찾습니다 [찯씀니다] ④ 숙소 [숙쏘]
⑤ 창의력 [창의력/창이력] ⑥ 멋진 [먿찐]

2단계
듣고 따라 읽어요.

QR코드에서 들려주는 선생님의 음성을 들으며 읽는 연습을 해요.

1 정확하게 따라 읽어요. 

2 속도에 맞춰 따라 읽어요. 

3 자연스럽게 따라 읽어요. 

3단계
다시 읽어봐요.

다시 소리 내어 읽고, 걸린 시간을 아래 빈칸에 써 보세요.

걸린 시간  분  초

내용을 확인해요

본문에서 읽었던 내용을 떠올리며 아래 문제를 풀어봐요.

정답 ▶ 162쪽

1 여행 기획자가 하는 일이 아닌 것은 무엇인가요?

① 새로운 여행지 찾기 ② 편리한 교통편 알아보기
③ 세계 음식 메뉴 개발하기 ④ 여러 가지 체험 활동 찾기

2 빈칸에 알맞은 낱말을 본문에서 찾아 쓰세요.

① 어버이날을 맞아 언니와 내가 이벤트를 [ ][ ]하고 준비했다.

② 나는 친구를 잘 도와주는 지아를 우리 반 회장 후보로 [ ][ ]했다.

③ 예술가들은 [ ][ ][ ]이/가 뛰어나다.

10주차 5일

50

전시 100배 즐기기

마을 2학년 1학기 | • 우리 마을 전시회

• 총 어절 수 72개
• 권장 읽기 시간 45초

아래 글을 소리 내어 읽고, 걸린 시간을 아래 빈칸에 써 보세요.

전시는 새로운 지식과 예술을 경험하게 해줍니다. 박물관이나 미술관에서 볼 수 있는 전시를 더 재미있게 즐기는 방법을 알아봅시다.

전시회에 가기 전에 어떤 작품이 있는지 살펴보고 작가에 대해 미리 조사하면 작품을 좀 더 깊이 이해할 수 있습니다. 작품을 볼 때는 너무 빨리 지나가지 말고, "왜 이런 색을 썼을까?", "이 작품은 어떤 뜻이 있을까?"를 생각하며 천천히 살펴봅니다. 작품 옆에 있는 제목과 작가, 작품 이야기도 읽어 봅니다. 기념사진을 남기거나 기념품을 구입하면 전시를 오래 기억할 수도 있습니다.

걸린 시간  분  초

낱말을 익혀요

본문에 수록된 주요 낱말들의 뜻을 익혀요.

❶ 전시

뜻 찾아온 사람들에게 보여 주도록 여러 가지 물품을 한곳에 차려 놓음

예문 우리 학교에서는 학생들의 미술 작품을 도서실에 전시해 놓았다.

❷ 지식

뜻 어떤 대상에 대하여 배우거나 직접 경험하여 알게 된 내용

예문 책을 많이 읽으면 다양한 지식을 쌓을 수 있다.

❸ 기념

뜻 훌륭한 인물이나 특별한 일 등을 오래도록 잊지 않고 마음에 간직함

예문 오늘은 우리 엄마와 아빠의 열 번째 결혼기념일입니다.

1단계
올바른 발음을 익혀요.

발음이 어렵거나 헷갈리는 낱말들을 정확하게 읽어요.

① 지식과 [지식꽈] ② 재미있게 [재미읻께]
③ 작가 [작까] ④ 옆에 [여페]
⑤ 읽어 봅니다 [일거 봄니다] ⑥ 구입하면 [구이파면]

2단계
듣고 따라 읽어요.

QR코드에서 들려주는 선생님의 음성을 들으며 읽는 연습을 해요.

1 정확하게 따라 읽어요. 

2 속도에 맞춰 따라 읽어요. 

3 자연스럽게 따라 읽어요. 

3단계
다시 읽어봐요.

다시 소리 내어 읽고, 걸린 시간을 아래 빈칸에 써 보세요.

걸린 시간  분  초

내용을 확인해요

본문에서 읽었던 내용을 떠올리며 아래 문제를 풀어봐요.

정답 ▶ 162쪽

1 전시를 즐기는 방법으로 알맞은 것은 무엇인가요?

① 새로움을 느끼기 위해 작품을 미리 찾아보지 않는다.
② 작품 옆의 제목은 읽지 않는다.
③ 다른 관람객의 관람을 위해 빨리 지나간다.
④ 작품의 뜻을 생각하며 천천히 감상한다.

2 빈칸에 알맞은 낱말을 본문에서 찾아 쓰세요.

온 가족이 미술관에 간 것을 ☐☐ 하기 위해 열쇠고리와 엽서를 사고 사진도 찍었다.

5장 <통합 - 마을> 마무리 활동

정답 ▶ 162쪽

1 5장에서 배운 내용을 생각하며, 아래의 낱말을 정확하게 읽어봐요.

① 잡는	② 불빛도
③ 멋져서	④ 주고받는
⑤ 가득하고	⑥ 많단다
⑦ 산길을	⑧ 밧줄
⑨ 돕게	⑩ 짧은
⑪ 공급해	⑫ 자극할
⑬ 전염병	⑭ 노력합니다
⑮ 위급한	⑯ 여럿이
⑰ 탑승	⑱ 낙서
⑲ 곳곳에서는	⑳ 축제
㉑ 군악대	㉒ 옳고
㉓ 그름을	㉔ 각종
㉕ 기획자	㉖ 편리한
㉗ 숙소	㉘ 지식과
㉙ 작가	㉚ 구입하면

2 다음을 읽고, 맞으면 ○, 틀리면 × 하세요.

41과 ① 어촌은 주로 바닷가에 있다. (　　　)

43과 ② 형과 남동생을 자매라고 한다. (　　　)

46과 ③ 버스 안에서는 음식을 먹지 않는다. (　　　)

47과 ④ 우리나라 곳곳에는 다양한 지역 축제가 열린다. (　　　)

50과 ⑤ 전시를 보러 가기 전에 작품과 작가를 미리 알고 가면 좋다. (　　　)

3 <보기>에서 알맞은 낱말을 골라 빈칸에 쓰세요.

보기

성장판　　공공기관　　기획자　　축제　　마스코트　　야경

42과 ① 밤이 되면 가로등과 자동차들의 불빛 때문에 [　　　] 이/가 멋지다.

44과 ② 달리기는 [　　　] 을/를 자극해 키가 크는 데 도움을 준다.

45과 ③ [　　　] 은/는 다음 사람들의 생활을 돕고 살기 좋은 마을을 만든다.

48과 ④ 서울의 해치, 부산의 부기는 그 도시의 [　　　] 이다.

49과 ⑤ 여행 [　　　] 은/는 새로운 여행지와 편리한 정보를 소개한다.

6장

통합 | 세계

51	세계의 국기
52	동물 가죽으로 만든 아노락
53	꼭꼭 숨어라!
54	세계의 모자
55	세계의 아침 식사 풍경
56	눈으로 만든 집에서의 난방
57	세계의 다양한 집
58	여러 나라의 전통춤
59	세계의 새해맞이
60	태풍의 두 얼굴

11주차 1일

51

세계의 국기

세계 2학년 1학기 | • 가고 싶은 나라

- 총 어절 수 71개
- 권장 읽기 시간 45초

아래 글을 소리 내어 읽고, 걸린 시간을 아래 빈칸에 써 보세요.

국기는 그 나라가 중요하게 생각하는 의미를 담고 있습니다.

우리나라 태극기의 흰색 바탕은 밝음과 순수, 평화를 사랑하는 우리 민족을 나타냅니다. 태극 문양에는 세상 모든 것이 음양의 조화로 생명을 얻고 발전한다는 뜻이 있습니다.

태양은 어느 나라에서나 중요한 상징이며, 희망과 풍요로움을 나타냅니다. 별은 희망, 독립, 통일 등을 의미하며, 미국이나 호주 등의 국기에서 볼 수 있습니다. 세계에서 가장 많이 사용되는 국기의 모양은 독일, 프랑스처럼 세 줄로 이루어진 줄무늬입니다. 나라마다 색을 달리하여 중요하게 여기는 의미를 담습니다.

걸린 시간 ( ) 분 ( ) 초

낱말을 익혀요

본문에 수록된 주요 낱말들의 뜻을 익혀요.

1 국기

- 뜻: 한 나라를 상징하는 깃발
- 예문: 올림픽 메달 시상식에서는 메달을 받는 선수들의 국기를 게양한다.

2 음양

- 뜻: 세상의 이치를 이루고 서로 반대되는 두 기운인 음과 양
- 예문: 우리 조상들은 세상 모든 것은 음양에서 생긴 것이라고 생각했다.

3 등

- 뜻: 앞에서 말한 것 외에도 같은 종류의 것이 더 있음
- 예문: 여름철 과일에는 포도, 복숭아, 수박 등이 있습니다.

단계별로 연습하기

1단계
올바른 발음을 익혀요.

발음이 어렵거나 헷갈리는 낱말들을 정확하게 읽어요.

① 국기 [국끼] ② 밝음 [발금]
③ 문양에는 [무냥에는] ④ 얻고 [얻꼬]
⑤ 독립 [동닙] ⑥ 담습니다 [담씀니다]

2단계
듣고 따라 읽어요.

QR코드에서 들려주는 선생님의 음성을 들으며 읽는 연습을 해요.

1 정확하게 따라 읽어요.

2 속도에 맞춰 따라 읽어요.

3 자연스럽게 따라 읽어요.

3단계
다시 읽어봐요.

다시 소리 내어 읽고, 걸린 시간을 아래 빈칸에 써 보세요.

걸린 시간  분  초

내용을 확인해요

본문에서 읽었던 내용을 떠올리며 아래 문제를 풀어봐요.

정답 ▶ 163쪽

1 태극기의 흰색 바탕이 의미하는 내용이 아닌 것은 무엇인가요?

① 밝음 ② 순수
③ 평화 ④ 통일

2 국기에서 각 문양의 의미로 알맞은 것을 연결하세요.

① 태양 • • ㉠ 음양의 조화
② 별 • • ㉡ 희망과 풍요로움
③ 태극 문양 • • ㉢ 희망, 독립, 통일 등의 여러 의미

11주차 2일

52

동물 가죽으로 만든 아노락

세계 2학년 1학기 | • 이런 옷을 입어요

• 총 어절 수 74개
• 권장 읽기 시간 45초

아래 글을 소리 내어 읽고, 걸린 시간을 아래 빈칸에 써 보세요.

아노락(anorak)은 바람과 비를 막아주는 가벼운 겉옷입니다. 주로 모자가 달려 있고, 앞쪽에 지퍼가 반만 짧게 달려 있거나 없는 디자인이 많습니다. 머리부터 쓰고 입어서 바람이 많이 부는 날이나 야외 활동할 때 유용합니다.

아노락은 북극 지방의 이누이트족이 매서운 추위로부터 몸을 보호하기 위해 바다표범이나 순록의 가죽으로 만든 옷에서 유래했습니다. 안쪽은 털로 되어 있고, 머리를 덮는 모자를 달아 매우 따뜻합니다. 바깥쪽에는 가죽을 덧대어 눈이나 비에 젖지 않도록 했습니다.

이누이트족은 아노락을 단 한 벌만 가지고 있다가 죽을 때 가족에게 물려주었답니다.

걸린 시간 ( ) 분 ( ) 초

낱말을 익혀요

본문에 수록된 주요 낱말들의 뜻을 익혀요.

1 유용

뜻 쓸모가 있음

예문 자투리 색종이를 모아두면 꾸미기 활동을 할 때 유용하다.

2 유래

뜻 사물이나 일이 생겨남 또는 그 사물이나 일이 생겨난 내력

예문 김치는 옛날 조상들이 야채를 절여 먹던 것에서 유래했다.

3 덧대다

뜻 무엇의 위에 다른 것을 겹쳐서 대거나 붙이다

예문 할아버지는 낡은 의자에 천을 덧대어 새것처럼 만드셨다.

단계별로 연습하기

1단계
올바른 발음을 익혀요.

발음이 어렵거나 헷갈리는 낱말들을 정확하게 읽어요.

① 겉옷 [거돋] ② 짧게 [짤께]
③ 북극 지방 [북끅 찌방] ④ 순록 [술록]
⑤ 덧대어 [덛때어] ⑥ 젖지 [젇찌]

2단계
듣고 따라 읽어요.

QR코드에서 들려주는 선생님의 음성을 들으며 읽는 연습을 해요.

1 정확하게 따라 읽어요.
2 속도에 맞춰 따라 읽어요.
3 자연스럽게 따라 읽어요.

3단계
다시 읽어봐요.

다시 소리 내어 읽고, 걸린 시간을 아래 빈칸에 써 보세요.

걸린 시간 분 초

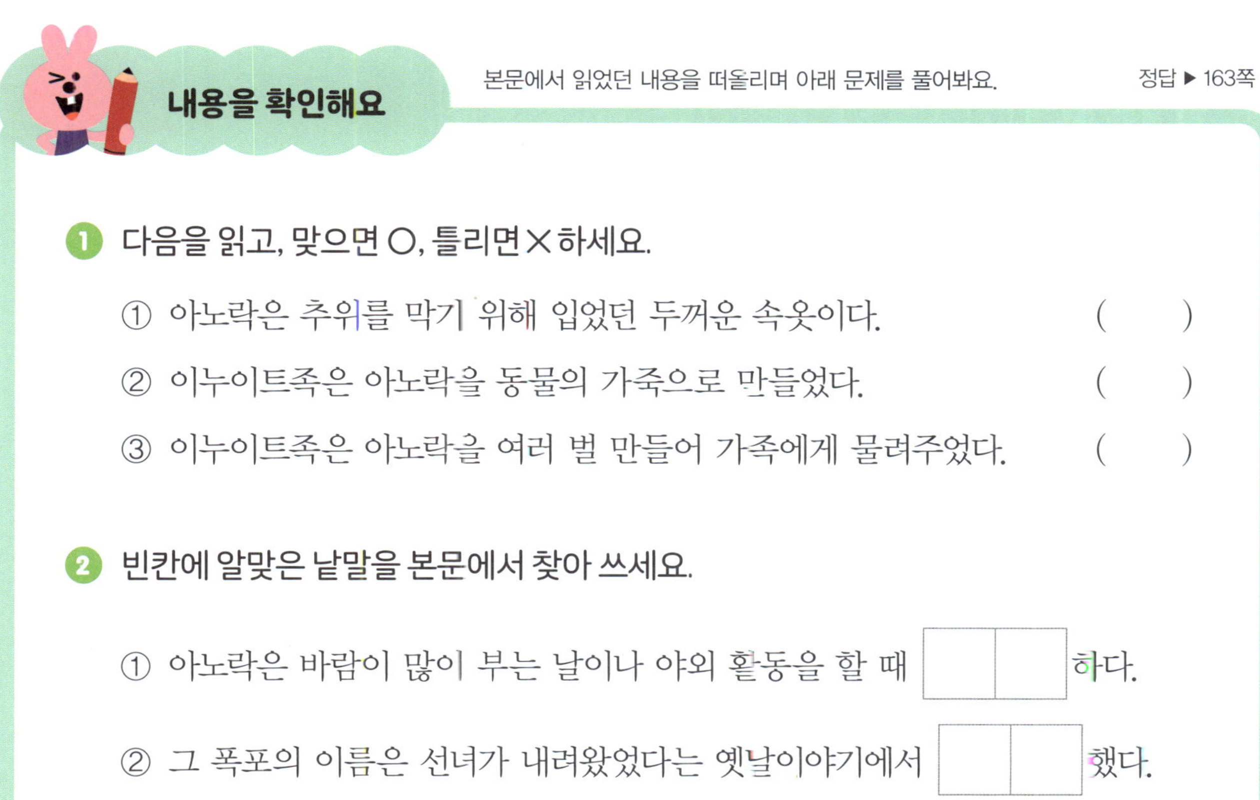

내용을 확인해요

본문에서 읽었던 내용을 떠올리며 아래 문제를 풀어봐요.

정답 ▶ 163쪽

1 다음을 읽고, 맞으면 ○, 틀리면 × 하세요.

① 아노락은 추위를 막기 위해 입었던 두꺼운 속옷이다. ( )
② 이누이트족은 아노락을 동물의 가죽으로 만들었다. ( )
③ 이누이트족은 아노락을 여러 벌 만들어 가족에게 물려주었다. ( )

2 빈칸에 알맞은 낱말을 본문에서 찾아 쓰세요.

① 아노락은 바람이 많이 부는 날이나 야외 활동을 할 때 [ ] 하다.
② 그 폭포의 이름은 선녀가 내려왔었다는 옛날이야기에서 [ ] 했다.

11주차 3일

53 꼭꼭 숨어라!

• 총 어절 수 74개
• 권장 읽기 시간 45초

아래 글을 소리 내어 읽고, 걸린 시간을 아래 빈칸에 써 보세요.

동물은 자신의 몸 색깔을 주변 환경과 비슷하게 만들어 적으로부터 자신을 지킵니다. 이것을 '보호색'이라고 합니다.

산속에 사는 사슴은 나무나 흙과 비슷한 갈색 털을 가지고 있어 멀리서 보면 잘 보이지 않습니다. 그래서 사냥꾼이나 다른 동물로부터 몸을 숨길 수 있습니다. 눈 속에 사는 북극여우는 흰색 털을 가지고 있습니다. 흰 눈밭에서 잘 보이지 않도록 몸 색깔이 하얗게 변하는 것인데, 반대로 눈이 없는 여름에는 갈색으로 변한답니다.

보호색은 동물들이 살아가는 데에 아주 중요한 능력입니다. 보호색을 가진 다른 동물들을 더 찾아보세요.

걸린 시간 ( ) 분 ( ) 초

낱말을 익혀요

본문에 수록된 주요 낱말들의 뜻을 익혀요.

❶ 비슷하다

뜻 둘 이상의 크기, 모양, 성질 등이 똑같지는 않지만 많이 닮아 있다

예문 우리 형과 나는 생김새가 비슷하다.

❷ 보호색

뜻 다른 동물의 눈에 띄지 않도록 주위와 비슷하게 되어 있는 몸의 색깔

예문 카멜레온은 주변 색깔에 따라 보호색을 바꾼다.

❸ 사냥꾼

뜻 사냥하는 사람 또는 사냥을 직업으로 하는 사람

예문 총을 든 사냥꾼이 숲에서 꿩을 발견했다.

단계별로 연습하기

1단계
올바른 발음을 익혀요.

발음이 어렵거나 헷갈리는 낱말들을 정확하게 읽어요.

① 비슷하게 [비스타게]　② 만들어 [만드러]
③ 흙과 [흑꽈]　④ 갈색 [갈쌕]
⑤ 북극여우 [북끙녀우]　⑥ 하얗게 [하야케]

2단계
듣고 따라 읽어요.

QR코드에서 들려주는 선생님의 음성을 들으며 읽는 연습을 해요.

1 정확하게 따라 읽어요.
2 속도에 맞춰 따라 읽어요.
3 자연스럽게 따라 읽어요.

3단계
다시 읽어봐요.

다시 소리 내어 읽고, 걸린 시간을 아래 빈칸에 써 보세요.

걸린 시간  분  초

내용을 확인해요

본문에서 읽었던 내용을 떠올리며 아래 문제를 풀어봐요.

정답 ▶ 163쪽

❶ 북극여우의 털 색깔이 겨울에는 하얗고, 여름에는 갈색으로 변하는 이유는 무엇인가요?

•

❷ 본문에 나온 동물 이외에 보호색을 띠는 동물을 찾아 쓰세요.
(백과사전, 책, 스마트기기를 활용하여 그 예를 찾아봅시다.)

11주차 2일

54 세계의 모자

- 총 어절 수 73개
- 권장 읽기 시간 45초

아래 글을 소리 내어 읽고, 걸린 시간을 아래 빈칸에 써 보세요.

모자는 멋으로 쓰기도 하지만, 추위나 더위로부터 머리를 보호해 주는 역할을 합니다. 세계 여러 나라 사람들이 쓰는 모자는 기후에 따라 모양과 만드는 재료가 달라집니다.

'솜브레로'는 멕시코의 전통 모자로, 색이 화려하고 챙이 아주 넓습니다. 강한 햇빛을 가려주기 때문에 멕시코의 뜨거운 날씨에서 일하는 사람들에게 유용합니다. '논'은 베트남에서 많이 쓰는 원뿔 모자입니다. 나뭇잎이나 대나무로 만들어서 가볍고, 비나 햇빛을 막아줍니다. 러시아의 '우샨카'는 겨울에 쓰는 털모자입니다. 귀를 덮는 부분이 있어서 눈이 많이 내리는 추운 날씨에 머리와 귀를 보호해 줍니다.

걸린 시간 ( ) 분 ( ) 초

낱말을 익혀요

본문에 수록된 주요 낱말들의 뜻을 익혀요.

1 기후

- 뜻: 일정한 지역에서 여러 해에 걸쳐 나타난 평균적인 날씨
- 예문: 우리나라 기후는 사계절이 뚜렷한 것이 특징이다.

2 전통

- 뜻: 예로부터 전해 내려오면서 만들어진 사상, 관습, 행동 등의 양식
- 예문: 한복은 우리나라 전통 의상이다.

3 챙

- 뜻: 햇볕을 가리기 위해 모자의 끝에 댄 부분
- 예문: 물놀이를 할 때는 챙이 넓은 모자로 햇빛을 가려 주는 게 좋다.

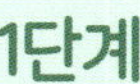

단계별로 연습하기

1단계
올바른 발음을 익혀요.

발음이 어렵거나 헷갈리는 낱말들을 정확하게 읽어요.

① 멋으로 [머스로] ② 역할을 [여카를]
③ 넓습니다 [널씀니다] ④ 나뭇잎 [나문닙]
⑤ 가볍고 [가볍꼬] ⑥ 덮는 [덤는]

2단계
듣고 따라 읽어요.

QR코드에서 들려주는 선생님의 음성을 들으며 읽는 연습을 해요.

1 정확하게 따라 읽어요. 

2 속도에 맞춰 따라 읽어요. 

3 자연스럽게 따라 읽어요. 

3단계
다시 읽어봐요.

다시 소리 내어 읽고, 걸린 시간을 아라 빈칸에 써 보세요.

걸린 시간  분  초

내용을 확인해요

본문에서 읽었던 내용을 떠올리며 아래 문제를 풀어봐요.

정답 ▶ 163쪽

1 각 나라와 그 나라의 전통 모자를 바르게 연결하세요.

① 
② 
③ 

㉠ 베트남 ㉡ 멕시코 ㉢ 러시아

2 빈칸에 알맞은 낱말을 본문에서 찾아 쓰세요.

모자는 [ ][ ](이)나 [ ][ ](으)로부터 머리를 보호해 주는 역할을 한다.

11주차 2일

55

세계 2학년 1학기 | • 음식으로 만나는 세계

세계의 아침 식사 풍경

• 총 어절 수 75개
• 권장 읽기 시간 45초

아래 글을 소리 내어 읽고, 걸린 시간을 아래 빈칸에 써 보세요.

다른 나라에서는 아침 식사로 무엇을 먹을까요?

미국이나 영국에서는 토스트, 달걀, 베이컨, 소시지 등을 하나의 접시에 담아 먹습니다. 홍콩에서는 아침 식사 시장이 열릴 정도로 밖에서 사서 먹는 경우가 많은데, 우리나라 만두처럼 생긴 딤섬이나 우리의 죽과 비슷한 콘지를 많이 먹습니다. 많은 나라들이 간단하게 아침을 먹지만, 튀르키예에서는 아침 식사를 굉장히 중요하게 여겨 가족이나 친구를 초대하기도 합니다. 튀르키예의 아침 식사는 '카흐발트'라고 부르며, 희고 둥근 빵인 에크맥, 올리브, 오이, 치즈, 요구르트, 삶은 달걀, 토마토, 카이막이라는 크림 등과 함께 차를 마십니다.

걸린 시간  분  초 

낱말을 익혀요

본문에 수록된 주요 낱말들의 뜻을 익혀요.

1 베이컨

뜻 돼지고기를 소금에 절여 연기로 익히거나 삶아 말린 식품

예문 나는 베이컨이 들어간 샌드위치를 좋아한다.

2 간단하다

뜻 번거롭거나 많지 않다

예문 김밥은 반찬을 많이 차리지 않고 간단하게 먹을 수 있다.

3 초대

뜻 다른 사람에게 어떤 자리, 모임, 행사 등에 와 달라고 요청함

예문 나는 우리 반 친구들을 내 생일잔치에 초대했다.

단계별로 연습하기

1단계

올바른 발음을 익혀요.

발음이 어렵거나 헷갈리는 낱말들을 정확하게 읽어요.

① 식사 [식싸]
② 무엇을 [무어슬]
③ 접시 [접씨]
④ 밖에서 [바께서]
⑤ 먹지만 [먹찌만]
⑥ 삶은 [살믄]

2단계

듣고 따라 읽어요.

QR코드에서 들려주는 선생님의 음성을 들으며 읽는 연습을 해요.

1 정확하게 따라 읽어요.

2 속도에 맞춰 따라 읽어요.

3 자연스럽게 따라 읽어요.

3단계

다시 읽어봐요.

다시 소리 내어 읽고, 걸린 시간을 아래 빈칸에 써 보세요.

걸린 시간  분  초 

내용을 확인해요

본문에서 읽었던 내용을 떠올리며 아래 문제를 풀어봐요.

정답 ▶ 163쪽

1 각 나라와 그 나라가 아침 식사로 먹는 음식을 바르게 연결하세요.

① 미국 •　　　　• ㉠ 에크맥, 카이막
② 홍콩 •　　　　• ㉡ 토스트, 베이컨, 소시지
③ 튀르키예 •　　　　• ㉢ 딤섬과 콘지

2 튀르키예의 아침 식사에 대한 설명으로 알맞은 것은 무엇인가요?

① 주로 밖에서 사먹는다.
② 아침 식사를 거의 하지 않는다.
③ 딤섬이나 콘지를 먹는다.
④ '카흐발트'라고 부른다.

12주차 1일

56

눈으로 만든 집에서의 난방

세계 2학년 1학기 | • 다른 나라 집 구경

• 총 어절 수 74개
• 권장 읽기 시간 45초

아래 글을 소리 내어 읽고, 걸린 시간을 아래 빈칸에 써 보세요.

이글루는 눈으로 만든 집입니다. 북극의 에스키모 사람들이 추운 지역에서 살기 위해 만들었습니다. 눈으로 만든 집인데도 안에서 따뜻하게 지낼 수 있는 비밀을 알아봅시다.

먼저 눈으로 벽돌을 만들고, 이글루를 만든 후에 이글루 안에서 불을 피워 온도를 높입니다. 온도가 올라가면 눈이 녹으면서 벽의 빈틈이 채워집니다. 어느 정도 눈이 녹으면 출입구를 열어 물이 다시 얼도록 합니다. 이 과정을 반복하면 눈 벽돌집이 얼음집으로 변하게 됩니다. 또 물이 어는 동안 주위의 온도는 따뜻해지기 때문에 추운 날이면 에스키모들은 이글루에 물을 뿌린답니다.

걸린 시간 분 초

낱말을 익혀요

본문에 수록된 주요 낱말들의 뜻을 익혀요.

1 에스키모

뜻 북극, 캐나다, 그린란드 및 시베리아의 북극 지방에 사는 인종

예문 에스키모들은 추위를 피해 몸을 보호하는 방법을 많이 알고 있다.

2 빈틈

뜻 사이가 떨어져 있어 공간이 비어 있는 부분

예문 창문 사이의 빈틈으로 찬바람이 들어왔다.

3 반복하다

뜻 같은 일을 여러 번 계속하다

예문 나는 리코더를 연주하기 위해 그 곡을 여러 번 반복하며 연습했다.

단계별로 연습하기

1단계
올바른 발음을 익혀요.

발음이 어렵거나 헷갈리는 낱말들을 정확하게 읽어요.

① 북극의 [북끄긔] ② 따뜻하게 [따뜨타게]
③ 벽돌 [벽똘] ④ 높입니다 [노핌니다]
⑤ 출입구 [추립꾸] ⑥ 반복하면 [반보카면]

2단계
듣고 따라 읽어요.

QR코드에서 들려주는 선생님의 음성을 들으며 읽는 연습을 해요.

1 정확하게 따라 읽어요.

2 속도에 맞춰 따라 읽어요.

3 자연스럽게 따라 읽어요.

3단계
다시 읽어봐요.

다시 소리 내어 읽고, 걸린 시간을 아래 빈칸에 써 보세요.

걸린 시간  분   초

내용을 확인해요

본문에서 읽었던 내용을 떠올리며 아래 문제를 풀어봐요.

정답 ▶ 163쪽

1 이글루를 만드는 순서대로 번호를 쓰세요.

① 안에서 불을 피워 온도 높이기	② 이글루 만들기
③ 눈으로 벽돌 만들기	④ 출입구를 열어 물을 다시 얼리기

(→ → →)

2 낱말을 바르게 읽은 것에는 ○, 틀리게 읽은 것에는 × 하세요.

① 북극 [북끅] ( )
② 벽돌 [벽돌] ( )
③ 출입구 [추립꾸] ( )

세계 2학년 1학기 | • 뚝딱 뚝딱 다른 나라 집

12주차 2일

57

세계의 다양한 집

• 총 어절 수 73개
• 권장 읽기 시간 45초

아래 글을 소리 내어 읽고, 걸린 시간을 아래 빈칸에 써 보세요.

세계 여러 나라의 집은 모양도, 만드는 재료도 다양합니다. 날씨와 자연환경이 다르기 때문입니다.

넓은 초원에 사는 몽골 사람들은 '게르'라는 둥근 천막집에 삽니다. 쉽게 옮길 수 있어서 이사를 자주 하는 유목민에게 편리합니다. 태국에는 물 위에 떠 있는 수상 가옥이 있습니다. 비가 많이 오고 강이 많은 지역이라서, 물 위에 집을 짓고 산답니다. 일본에서는 지진이 일어날 때 튼튼하게 버틸 수 있도록 나무로 집을 짓습니다. 아프리카의 더운 지역에는 진흙으로 만든 집이 있는데, 햇빛을 막아줘서 안은 시원하고, 만들기도 쉽답니다.

걸린 시간  분  초

낱말을 익혀요

본문에 수록된 주요 낱말들의 뜻을 익혀요.

1 천막

뜻 나무 등으로 기둥을 세우고 그 위에 천을 씌워 놓은 것

예문 운동회를 위해 운동장에는 천막이 세워졌다.

2 유목민

뜻 소나 양과 같은 가축이 먹을 풀과 물을 찾아 옮겨다니며 사는 민족

예문 유목민들은 낙타를 몰며 사막을 지나갔다.

3 가옥

뜻 사람이 사는 집

예문 그 집은 오래 전에 지어진 전통 가옥이다.

단계별로 연습하기

1단계
올바른 발음을 익혀요.

발음이 어렵거나 헷갈리는 낱말들을 정확하게 읽어요.

① 천막집 [천막찝]　② 옮길 [옴길]
③ 유목민 [유몽민]　④ 가옥이 [가오기]
⑤ 짓고 [짇꼬]　⑥ 쉽답니다 [쉽땀니다]

2단계
듣고 따라 읽어요.

QR코드에서 들려주는 선생님의 음성을 들으며 읽는 연습을 해요.

1 정확하게 따라 읽어요.

2 속도에 맞춰 따라 읽어요.

3 자연스럽게 따라 읽어요.

3단계
다시 읽어봐요.

다시 소리 내어 읽고, 걸린 시간을 아래 빈칸에 써 보세요.

걸린 시간 (　) 분 (　) 초

내용을 확인해요

본문에서 읽었던 내용을 떠올리며 아래 문제를 풀어봐요.

정답 ▶ 163쪽

1 각 나라와 그 나라의 전통 집을 바르게 연결하세요.

① 
② 
③ 

㉠ 몽골　㉡ 태국　㉢ 일본

2 빈칸에 알맞은 낱말을 본문에서 찾아 쓰세요.

여러 나라에서는 (　)(　)(　)(　)에 따라 집의 모양과 재료가 달라진다.

세계 2학년 1학기 | • 세계의 춤

12주차 3일

58 여러 나라의 전통춤

• 총 어절 수 73개
• 권장 읽기 시간 45초

아래 글을 소리 내어 읽고, 걸린 시간을 아래 빈칸에 써 보세요.

세계 각 나라에는 옛날부터 전해오는 전통춤이 있습니다.

우리나라에도 장구춤, 부채춤, 탈춤 등 여러 가지 춤이 전해 내려옵니다. 인도의 '차리 춤'은 무거운 항아리를 머리에 여러 개 이고, 갖가지 묘기를 보여줍니다. 튀르키예의 '벨리 댄스'는 배꼽춤이라고 불리기도 하는데, 맨발로 땅 위에서 허리를 부드럽게 움직이며 빠르게 흔드는 춤입니다. 브라질의 '삼바 춤'은 많은 무용수가 머리에서 발끝까지 화려한 분장을 하고 신나게 추는 춤인데, 따로 삼바 축제가 열리기도 합니다. 하와이의 '훌라 춤'은 큰 꽃을 머리에 꽂고 허리를 살랑살랑 움직이며 팔은 물결치듯이 움직입니다.

걸린 시간  분  초

낱말을 익혀요

본문에 수록된 주요 낱말들의 뜻을 익혀요.

① 이다

뜻: 물건을 머리 위에 얹다

예문: 옆집 할머니는 짐을 머리에 이고 장사를 하러 다니신다.

② 묘기

뜻: 매우 뛰어나고 훌륭한 재주

예문: 민속촌에 갔을 때 줄 위에서 묘기를 부리는 아저씨가 정말 신기했다.

③ 무용수

뜻: 무용단 등에서 전문적으로 무용을 하는 사람

예문: 불이 꺼지자, 음악과 함께 무용수가 무대 위로 등장했다.

단계별로 연습하기

1단계
올바른 발음을 익혀요.

발음이 어렵거나 헷갈리는 낱말들을 정확하게 읽어요.

① 옛날부터 [옌날부터]　② 내려옵니다 [내려옴니다]
③ 갖가지 [갇까지]　④ 보여줍니다 [보여줌니다]
⑤ 꽂고 [꼳꼬]　⑥ 물결치듯이 [물껼치드시]

2단계
듣고 따라 읽어요.

QR코드에서 들려주는 선생님의 음성을 들으며 읽는 연습을 해요.

1 정확하게 따라 읽어요. 

2 속도에 맞춰 따라 읽어요. 

3 자연스럽게 따라 읽어요. 

3단계
다시 읽어봐요.

다시 소리 내어 읽고, 걸린 시간을 아래 빈칸에 써 보세요.

걸린 시간  분  초

내용을 확인해요

본문에서 읽었던 내용을 떠올리며 아래 문제를 풀어봐요.

정답 ▶ 163쪽

1 각 나라와 그 나라의 전통춤을 바르게 연결하세요.

① 인도 •　　• ㉠ 훌라 춤
② 브라질 •　　• ㉡ 삼바 춤
③ 하와이 •　　• ㉢ 차리 춤

2 빈칸에 알맞은 낱말을 본문에서 찾아 쓰세요.

① 서커스단 공연에서 접시를 돌리는 [ ][ ] 이/가 정말 신기했다.

② 장구춤, 부채춤, 탈춤은 우리나라의 [ ][ ] 춤이다.

12주차 4일

59

세계의 새해맞이

세계 2학년 1학기 | • 세계의 명절

• 총 어절 수 72개
• 권장 읽기 시간 45초

아래 글을 소리 내어 읽고, 걸린 시간을 아래 빈칸에 써 보세요.

우리나라에서는 설날에 가족들이 모여 차례를 지내며 떡국을 먹고, 중국 사람들은 불꽃놀이를 하며 용춤을 춥니다. 많은 나라들이 양력 1월 1일에 새해를 맞이하지만, 우리나라, 중국, 베트남은 음력 1월 1일에 설 명절을 보냅니다. 이란은 봄이 시작되는 3월 21일이 새해 첫날입니다. 이 날 가족이 모두 모여 모닥불을 피우고, 순서대로 모닥불을 뛰어넘으며 소원을 빈답니다. 아프리카의 에티오피아 사람들은 9월에 새해를 맞이하는데, 전날 밤에 손에 횃불을 들고 마을을 돌며 새해맞이 노래를 부릅니다. 태국은 불교 달력을 사용해 4월에 새해를 맞이합니다.

걸린 시간  분   초

낱말을 익혀요

본문에 수록된 주요 낱말들의 뜻을 익혀요.

1 양력

뜻 지구가 태양을 한 바퀴 도는 데 걸리는 시간을 기준으로 날짜를 세는 달력

예문 양력 날짜는 전 세계 사람들이 공통으로 사용하고 있다.

2 음력

뜻 달이 지구를 한 바퀴 도는 데 걸리는 시간을 기준으로 날짜를 세는 달력

예문 우리 할머니는 음력 생일을 지내셔서 해마다 날짜가 달라진다.

3 횃불

뜻 어둠을 밝히기 위해 나뭇가지 등의 끝에 붙여 들고 다닐 수 있는 불

예문 영화 속 주인공들은 횃불을 들고 동굴 안으로 들어갔다.

단계별로 연습하기

1단계
올바른 발음을 익혀요.

발음이 어렵거나 헷갈리는 낱말들을 정확하게 읽어요.

① 가족들이 [가족뜨리]　② 떡국 [떡꾹]
③ 불꽃놀이 [불꼰노리]　④ 음력 [음녁]
⑤ 첫날 [천날]　⑥ 횃불 [홰뿔/홷뿔]

2단계
듣고 따라 읽어요.

QR코드에서 들려주는 선생님의 음성을 들으며 읽는 연습을 해요.

1 정확하게 따라 읽어요. 

2 속도에 맞춰 따라 읽어요. 

3 자연스럽게 따라 읽어요. 

3단계
다시 읽어봐요.

다시 소리 내어 읽고, 걸린 시간을 아래 빈칸에 써 보세요.

걸린 시간  분  초

내용을 확인해요

본문에서 읽었던 내용을 떠올리며 아래 문제를 풀어봐요.

정답 ▶ 163쪽

1 음력 1월 1일에 새해맞이를 하지 않는 나라는 어디인가요?

① 중국　② 이란
③ 베트남　④ 대한민국

2 빈칸에 알맞은 낱말을 본문에서 찾아 쓰세요.

① 이란은 새해 첫날 가족이 모여 ☐☐☐ 을/를 피우고 소원을 빈다.

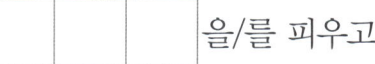

② 갈대나 나뭇가지 등의 끝에 붙여 들고 다닐 수 있는 불을  (이)라고 한다.

12주차 5일

60

태풍의 두 얼굴

세계 2학년 1학기 | • 태풍이 오고 있어요

- 총 어절 수 73개
- 권장 읽기 시간 45초

아래 글을 소리 내어 읽고, 걸린 시간을 아래 빈칸에 써 보세요.

태풍은 강한 바람과 많은 비를 몰고 오는 자연 현상입니다.

세찬 바람과 비로 인해 도로가 물에 잠기거나 전기가 끊기는 등의 피해가 생길 수 있습니다. 집이 부서지거나 나무가 쓰러지고, 산사태가 발생해서 사람들이 다치기도 합니다. 그래서 태풍이 올 때는 뉴스를 잘 듣고 미리 대비하는 것이 중요합니다.

하지만 태풍이 나쁘기만 한 것은 아닙니다. 태풍이 오면 많은 비가 내려서 물이 부족한 현상을 해결해 줄 수 있습니다. 또한 지구의 온도를 조절하고 바닷물을 섞어 주어 바닷속 생물들이 살아가는 데 도움을 줍니다.

걸린 시간 ( )분 ( )초

낱말을 익혀요

본문에 수록된 주요 낱말들의 뜻을 익혀요.

❶ 자연 현상

뜻 인간의 의지와 상관없이 자연계에 일어나는 여러 가지 현상

예문 옛날에는 천둥, 번개 등의 자연 현상을 신이 내린 벌이라고 생각했다.

❷ 산사태

뜻 큰비나 지진, 화산 등으로 산에서 돌과 흙이 무너져 내리는 일

예문 산에 나무를 많이 심으면 산사태를 예방하는 데 도움이 된다.

❸ 대비

뜻 앞으로 일어날 수 있는 어려운 상황에 대해 미리 준비함

예문 우리 형은 시험에 대비하기 위해 열심히 공부했다.

단계별로 연습하기

1단계
올바른 발음을 익혀요.

발음이 어렵거나 헷갈리는 낱말들을 정확하게 읽어요.

① 끊기는 [끈키는] ② 발생해서 [발쌩해서]
③ 듣고 [듣꼬] ④ 부족한 [부조칸]
⑤ 바닷물 [바단물] ⑥ 섞어 [서꺼]

2단계
듣고 따라 읽어요.

QR코드에서 들려주는 선생님의 음성을 들으며 읽는 연습을 해요.

1 정확하게 따라 읽어요. 

2 속도에 맞춰 따라 읽어요. 

3 자연스럽게 따라 읽어요. 

3단계
다시 읽어봐요.

다시 소리 내어 읽고, 걸린 시간을 아래 빈칸에 써 보세요.

걸린 시간  분  초

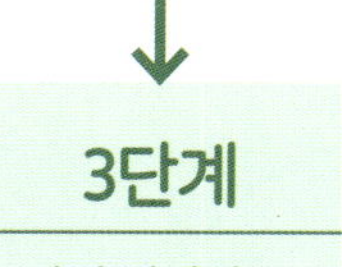

내용을 확인해요

본문에서 읽었던 내용을 떠올리며 아래 문제를 풀어봐요.

정답 ▶ 163쪽

1 태풍의 좋은 점으로 알맞지 않은 것은 무엇인가요?

① 물이 부족한 것을 해결해 준다.

② 지구의 온도를 조절한다.

③ 산사태가 일어나게 해준다.

④ 바닷속 생물들에게 도움이 된다.

2 빈칸에 알맞은 낱말을 본문에서 찾아 쓰세요.

눈이 많이 내려서 길이 미끄러우므로 안전사고에 미리  해야 한다.

6장 <통합 - 세계> 마무리 활동

정답 ▶ 163쪽

1 6장에서 배운 내용을 생각하며, 아래의 낱말을 정확하게 읽어봐요.

① 국기	② 밝음
③ 독립	④ 겉옷
⑤ 순록	⑥ 덧대어
⑦ 비슷하게	⑧ 흙과
⑨ 북극여우	⑩ 역할을
⑪ 나뭇잎	⑫ 가볍고
⑬ 식사	⑭ 접시
⑮ 삶은	⑯ 벽돌
⑰ 높입니다	⑱ 출입구
⑲ 천막집	⑳ 짓고
㉑ 쉽답니다	㉒ 갖가지
㉓ 꽂고	㉔ 물결치듯이
㉕ 떡국	㉖ 첫날
㉗ 횃불	㉘ 끊기는
㉙ 부족한	㉚ 바닷물

2 다음을 읽고, 맞으면 ○, 틀리면 ✕ 하세요.

51과 ① 국기는 그 나라가 중요하게 생각하는 의미를 담고 있다. (　　)

52과 ② 이누이트족은 바다표범이나 순록의 가죽으로 옷을 만들었다. (　　)

55과 ③ 홍콩의 '콘지'는 우리나라의 만두 같은 음식이다. (　　)

56과 ④ 물이 어는 동안 주위의 온도는 따뜻해진다. (　　)

58과 ⑤ '차리 춤'은 브라질의 전통 춤이다. (　　)

3 <보기>에서 알맞은 낱말을 골라 빈칸에 쓰세요.

보기

모자　　음식　　음력　　보호색　　태풍　　초원

53과 ① 카멜레온은 주변 색깔에 따라 ☐ 을/를 바꾼다.

54과 ② 멕시코의 '솜브레트', 베트남의 '논'은 그 나라의 전통 ☐ 이다.

57과 ③ 넓은 ☐ 에 사는 몽골 사람들은 '게르'라는 천막집에서 산다.

59과 ④ 우리나라와 중국은 ☐ 1월 1일에 설 명절을 보낸다.

60과 ⑤ ☐ 은/는 강한 바람과 많은 비를 가져오는 자연 현상이다.

정답

지금까지 여러분이 풀었던 문제의 정답을 공개할게요. 정답을 보면서 왜 틀렸는지 궁금하다면 여러분의 부모님이나 선생님께 그 이유를 여쭤보셔도 좋아요.

1장 국어

01 같은 낱말, 다른 의미

1 ①–㉢ ②–㉠ ③–㉡

2 예시 동생이 한 살 더 **먹더니** 의젓해졌다.
– 각자 해당하는 내용을 쓰세요.

02 흉내 내는 말

1 ① 쨍그랑 ② 성큼성큼

2 ① × ② ○

03 토박이말이 뭐예요?

1 ① 샛채기 ② 말다짐

2 토박이말

04 받침이 두 개

1 ①–㉡ ②–㉠ ③–㉠ ④–㉡

2 ① × ② ○

05 마음이 조마조마하다

1 ①–㉡ ②–㉠ ③–㉢

2 ③

06 등골이 오싹

1 ①–㉢ ②–㉡ ③–㉠

2 ②

07 다리가 저리다? 절이다?

1 ① 다려 ② 절여 ③ 저렸다 ④ 달여

2 ③

08 건이의 바른 국어 생활

1 ②

2 예시 나와의 약속은 **반드시** 지킨다.
– 각자 해당하는 내용을 쓰세요.

09 누나 가방에 들어가다(?)

1 ①–㉠ ②–㉠

10 팥죽 할멈과 호랑이

1 ③ → ② → ① → ④

2 ②

1장 마무리 활동

1 1. [먹따]
2. [항년]
3. [뜨타지요]
4. [난말]
5. [거묻꺼묻]
6. [노른노른]
7. [들쑴]
8. [씬는]
9. [글키어]
10. [겹빠침]
11. [압쏘리]
12. [끈나면]
13. [꼳뼝]
14. [나츨]
15. [불키며]
16. [등꼬리]
17. [업써서]
18. [아느시고]
19. [물끼]
20. [안자읻떤]
21. [비뻡]
22. [마치자]

23. [부치고]

24. [헫깔리는]

25. [뽐는]

26. [속쌍해핻따]

27. [주의/주이]

28. [겨울랄]

29. [맫똘/매똘]

30. [찌차]

2 ① ○ ② × ③ × ④ ○ ⑤ ○

3 ① 거뭇거뭇 ② 토박이말 ③ 조마조마 ④ 낯 ⑤ 지게

2장 | 수학

11 생활 속 수학 이야기

1 ①

2 일상생활

12 세 자리 수를 알아볼까요?

1 ②

2 ① 9 ② 0

13 칠교놀이

1 ① ○ ② × ③ ×

2 ① 남녀노소 ② 정사각형

14 세상을 움직이는 동그라미

1 ②

2 ④

15 지구를 위한 덧셈과 뺄셈

1 ④

2 ① 방수 ② 기온 ③ 온난화

16 내 코가 석 자

1 ① ○ ② ○

2 ③

17 내 몸 안의 자

1 ③, ④

2 ①-㉡ ②-㉢ ③-㉠

18 분류의 연속

1 예시 메뉴판에 피자 종류와 파스타 종류로 분류되어 있음

2 ① 연속 ② 종류

19 장미꽃 두 그루?

1 ① 마리 ② 벌 ③ 송이

20 맛있는 우리말

1 ①-㉢ ②-㉡ ③-㉠

2장 마무리 활동

1 1. [일쌍생활]

2. [꼬즐]

3. [이러케]

4. [구십뽀다]

5. [압짜리]

6. [여덜]

7. [정사가켱]

8. [안토록]

9. [내어노코]

10. [낟꽈]

11. [옴기거나]

12. [덕뿌네]

13. [북끄꼼]

14. [더핀]

15. [진흘기]

16. [속땀]

17. [콘물]

18. [옌말]

19. [물쏙]

20. [어렵따는]

21. [손까락]

22. [불류하기]

23. [종뉴]

24. [옫짱]

25. [김밥/김빱]

26. [다선 마리]

27. [우스며]

28. [뭉는]

29. [무끔]

30. [노은]

2 ① ○ ② ○ ③ × ④ ○ ⑤ ×

3 ① 일상 ② 원 ③ 코 ④ 분류 ⑤ 송이

3장 | 통합-나

21 나는 누구일까요?

1 ① × ② × ③ ○

2 ① 특징 ② 야행성

22 나의 보물 1호

1 ④

2 다양

3 각자 해당하는 내용을 쓰세요.

23 우리 몸의 다섯 가지 감각

1 ①-ⓒ ②-ⓐ ③-ⓑ

2 후각

24 어느 병원으로 갈까요?

1 ③

2 안과

25 치카치카! 올바른 이 닦기

1 ① × ② ○ ③ ×

2 치아

26 나의 마음을 표현해요

1 ① × ② ×

2 ① 소통 ② 존중

27 윤호의 일기

1 ④

2 도전

28 내 동생

1 바람, 햇살

2 ②

3 ③

29 내 마음의 소리

1 ② → ③ → ④ → ①

2 각자 해당하는 내용을 쓰세요.

30 어린이를 위한 식생활 지침

1 ① ○ ② ○ ③ ×

2 ① 단백질 ② 곡물

3장 마무리 활동

1
1. [더펴]
2. [이플]
3. [활똥]
4. [드려]
5. [다침니다]
6. [머디써서/머시써서]
7. [급씩]
8. [촉깍]
9. [만는]
10. [접쫑]
11. [정형외꽈]
12. [마키고]
13. [인몸]
14. [당는]
15. [다까야]
16. [솔찌카게]
17. [조커나]
18. [생가캐야]
19. [시하블]
20. [시작뙤자/시작뛔자]
21. [결씅선]
22. [발짜국]
23. [발가지고]
24. [겨테]
25. [산뜨태절따]
26. [조케]
27. [하교낄/하굗낄]
28. [먹씀니다]
29. [공물]
30. [피료함니다]

2 ① × ② × ③ ○ ④ ○ ⑤ ○

3 ① 다양 ② 이비인후과 ③ 감정 ④ 살랑살랑 ⑤ 얼떨떨한

4장 | 통합-자연

31 비의 이름

1 ①-㉡ ②-㉢ ③-㉠

2 ③

32 식물은 무엇을 먹나요?

1 ① 물 ② 햇빛 ③ 흙

33 바다가 아파요

1 ③

2 생물

34 땅속이 살아있다!

1 ① × ② ○ ③ ○

2 지렁이, 두더지

35 난 네가 필요해!

1 ① × ② ○ ③ ×

2 ① 미끼 ② 점액 ③ 촉수

36 반려동물 입양하기

1 ④ → ③ → ① → ②

2 ① ○ ② ○ ③ ×

37 내 말이 들리나요?

1 ①

2 ④

38 여러 가지 색을 만들어요

1 ①

2 ①–㉢ ②–㉡ ③–㉠

39 황사일까? 미세 먼지일까?

1 ① 황 ② 미 ③ 미

2 ① 호흡기 ② 마스크

40 소중한 꿀벌

1 ① ○ ② ○ ③ ×

2 ① 곤충 ② 꽃가루

4장 마무리 활동

1 1. [얄따]
2. [물빵울]
3. [낟짬]
4. [싱물]
5. [흘게]
6. [해삐즌/핻삐즌]
7. [깨끄탄]
8. [재화룡]
9. [불리배출]
10. [축추칸]
11. [조아함니다]
12. [흘글]
13. [행보캄니다]
14. [촉쑤]
15. [저매그로]
16. [발려]
17. [작썽]
18. [접끈]
19. [몸찔]
20. [물찔]
21. [갇씀니다]
22. [서끄면]
23. [혼하파면]
24. [월래의]
25. [생김니다]
26. [흥먼지]
27. [싸임니다]
28. [꼬체서]
29. [벌찝]
30. [꼳까루]

2 ① ○ ② ○ ③ × ④ ○ ⑤ ×

3 ① 거름 ② 분리배출 ③ 언어 ④ 노랑 ⑤ 꽃가루

5장 | 통합-마을

41 우리 마을을 소개합니다 (1)

1 ②

2 도시

42 우리 마을을 소개합니다 (2)

1 ① × ② ○ ③ ○ ④ ×

2 야경

43 욕심이와 마음이

1 ① 같이 ② 매고 ③ 메고

2 ③

44 달리기의 좋은 점

1 ③

2 ① 산소 ② 정신

45 여러 가지 공공 기관

1 ①-ⓛ ②-ⓒ ③-ⓖ ④-ⓡ

2 (예시) 시청, 구청, 도청, 군청, 행정복지센터, 경찰서 등

46 공공장소에서의 예절

1 ④

2 탑승

47 지역 축제를 즐겨요

1 ①-ⓛ ②-ⓒ ③-ⓖ

2 ② → ① → ④ → ③

48 우리 지역 마스코트는?

1 ①-ⓒ ②-ⓖ ③-ⓛ

2 마스코트

49 여행을 만드는 사람들

1 ③

2 ① 기획 ② 추천 ③ 창의력

50 전시 100배 즐기기

1 ④

2 기념

5장 마무리 활동

1
1. [잠는]
2. [불삔또]
3. [먿쩌서]
4. [주고반는]
5. [가드카고]
6. [만탄다]
7. [산끼를]
8. [바쫄/받쫄]
9. [돕께]
10. [짤븐]
11. [공그패]
12. [자그칼]
13. [저념뼝]
14. [노려캄니다]
15. [위그판]
16. [여러시]
17. [탑씅]
18. [낙써]
19. [곧꼬세서는]
20. [축쩨]
21. [구낙때]
22. [올코]
23. [그르믈]
24. [각쫑]
25. [기획짜]
26. [펼리한]
27. [숙쏘]
28. [지식꽈]
29. [작까]
30. [구이파면]

2 ① ○ ② × ③ ○ ④ ○ ⑤ ○

3 ① 야경 ② 성장판 ③ 공공기관 ④ 마스코트 ⑤ 기획자

6장 | 통합 - 세계

51 세계의 국기

1 ④

2 ①–㉡ ②–㉢ ③–㉠

52 동물 가죽으로 만든 아노락

1 ① × ② ○ ③ ×

2 ① 유용 ② 유래

53 꼭꼭 숨어라!

1 몸 색깔을 주변 환경과 비슷하게 하여 적으로부터 자신을 지키기 위해

2 예시 카멜레온, 호랑나비, 배추흰나비 애벌레, 청개구리 등

54 세계의 모자

1 ①–㉢ ②–㉠ ③–㉡

2 추위, 더위 또는 더위, 추위

55 세계의 아침 식사 풍경

1 ①–㉡ ②–㉢ ③–㉠

2 ④

56 눈으로 만든 집에서의 난방

1 ③ → ② → ① → ④

2 ① ○ ② × ③ ○

57 세계의 다양한 집

1 ①–㉡ ②–㉢ ③–㉠

2 자연환경

58 여러 나라의 전통춤

1 ①–㉢ ②–㉡ ③–㉠

2 ① 묘기 ② 전통

59 세계의 새해맞이

1 ②

2 ① 모닥불 ② 횃불

60 태풍의 두 얼굴

1 ③

2 대비

6장 마무리 활동

1 1. [국끼]
2. [발금]
3. [동닙]
4. [거돋]
5. [술록]
6. [덛때어]
7. [비스타게]
8. [흑꽈]
9. [북꿍녀우]
10. [여카를]
11. [나문닙]
12. [가볍꼬]
13. [식싸]
14. [접씨]
15. [살믄]
16. [벽똘]
17. [노핌니다]
18. [추립꾸]
19. [천막찝]
20. [짇꼬]

21. [쉽땀니다]

22. [갇까지]

23. [꼳꼬]

24. [물껼치드시]

25. [떡꾹]

26. [천날]

27. [홰뿔/휃뿔]

28. [끈키는]

29. [부조칸]

30. [바단물]

2 ① ○ ② ○ ③ × ④ ○ ⑤ ×

3 ① 보호색 ② 모자 ③ 초원 ④ 음력
⑤ 태풍